Stefan Piasecki (Hrsg.) • Thomas Pritzl

Fake-News, Fälschungen und Fiktionen

Wie *stern TV* in der Born-Affäre gelinkt wurde

edition ***vi:jo***

Stefan Piasecki (Hrsg.) • Thomas Pritzl

Fake-News, Fälschungen und Fiktionen

Wie *stern TV* in der Born-Affäre gelinkt wurde

edition *vi:jo*

Impressum

V201025

Das Kapitel ›#Fake-TV: Was war los bei stern TV?‹ (S. 29-117) erschien 2006 erstmalig unter dem Titel ›Der Fake-Faktor‹ im kopaed-Verlag. Für das hier vorliegende Buch wurde der Text erneut lektoriert.

Stefan Piasecki im Web:
www.stefanpiasecki.de (Wissenschaft)
www.stefanboucher.de (Romane)
www.instagram.com/stefan.piasecki.boucher/

Veröffentlicht von:
edition vi:jo - Stefan Piasecki
c/o Contendo Media GmbH
St. Huberter Landstraße 21
47839 Krefeld

Die Deutsche Nationalbibliothek verzeichnet diese Publikation in der Deutschen Nationalbibliografie.

Inhaltsverzeichnis

»Wirkung und Wahrheit«

Dummes Zeug kann man viel reden,
kann es auch schreiben, wird weder Leib noch Seele töten,
es wird alles beim Alten bleiben.
Dummes aber, vors Auge gestellt,
hat ein magisches Recht.
Weil es die Sinne gefesselt hält, bleibt der Geist ein Knecht.

Johann Wolfgang von Goethe (1827) in ›Zahme Xenien II‹

Zur Struktur des Buches

Dieses Buchprojekt ist wie eine Zeitreise. Als Wissenschaftler untersuche ich vor allem Medien und ihre Auswirkungen auf die Gesellschaft. Ich greife dabei immer auf Primärquellen zurück. Das bedeutet, ich vertraue so gut wie nie dem, was *andere* geschrieben haben *über etwas*, sondern sehe mir die Fakten selbst an. So gehe ich auch bei meinen historischen Romanen vor, die mich in alle wesentlichen Archive Deutschlands geführt haben. Dort versuche ich, sogar Uhrzeiten und Daten der Aufenthalte historischer Personen und die Quellen von Zitaten im Original zu finden.

Die hier präsentierte Geschichte war jedoch anders. Thomas Pritzl hat sie bereits 2006 in einer ersten Fassung veröffentlicht (damals im *kopaed*-Verlag), als die Ereignisse um Michael Born noch nicht lange her waren. Seitdem hat sich viel getan. Social Media, Smartphones, Pandemien, echte und falsche Daten und Identitäten sowie immer neue Betrugsskandale in Medien und Politik wühlen die Menschen auf.

Bei der Vorbereitung eines Proseminars über Social Media und ihre Bedeutung für die öffentliche Sicherheit fiel mir das Buch in seiner Originalfassung ›*Der Fake-Faktor*‹ in die Hand. Dessen Untertitel ›*Spurensuche im größten Betrugsfall des deutschen Fernsehens. Ein Medienkrimi*‹ schien mir aber eher auf eine Fiktion hinzuweisen. Gleichwohl eine Geschichte mit realen Personen wie Günther Jauch. Immerhin ein vertrauenswürdiger Journalist und Moderator, der hier im Zentrum eines Skandals präsentiert wurde. Jauch, der Auftraggeber von zwielichtigen TV-Beiträgen – um der Quote willen? Das wirkte nicht glaubwürdig.

Ich kontaktierte Thomas Pritzl und hörte seine persönlichen Erlebnisse. Atemberaubend erschien mir, was Born da veranstaltet haben sollte, an allen redaktionellen Kontrollsystemen vorbei. Zu dem Zeitpunkt kam mir Born wie ein verhinderter Rebell vor, ein medialer Robin Hood, der die Großen betrügt und die Zuschauer hinters Licht führt. Oder war dieses Vorgehen damals sogar üblich? Kurz nach der Wiedervereinigung, zu Goldgräberzeiten der Medien? Ich sah mir an, wie sich das Selbstverständnis von Reportern bis in die 80er und 90er entwickelt hatte (meine wissenschaftliche Analyse dazu, basierend auf Texten aus dieser Zeit, findet sich im allerletzten Kapitel). Denn mir war klar, dass ich das Handeln von Born aus seiner Zeit heraus verstehen musste. Wie hatten also Wissenschaftler Nachrichten und ihre Informationsproduktion damals eingeschätzt? Zum Schluss sprach ich mit dem langjährigen Journalisten Hartmut M. Volz.

Und endlich, endlich erhielt ich außer der Reihe Zugang zur Gerichtsakte des Born-Prozesses. Hier nun erledigten sich, wie ich im vorletzten Kapitel beschreibe, alle meine sozialromantischen Vorstellungen des verhinderten TV-Rebellen Born, der es den luxuriösen Chefetagen mal so richtig zeigte. Das Verfahren zur Einsichtnahme in die Akte dauerte sehr lange und ich wurde strengen Auflagen unterworfen. Ich durfte ausschließlich den Teil der Urteilsverkündung lesen, keine Bilder machen, nur handschriftliche Notizen anfertigen für Zitate. Ich war es gewohnt, historische Akten vollständig zu digitalisieren und später in Ruhe tausende Seiten auszuwerten. Hier durfte ich das nicht. Dennoch reichte die Zeit im Archiv aus, um die Angaben von Thomas Pritzl bestätigt zu sehen und noch viel mehr dessen zu erfahren, was sogar ihm als Zeitzeugen verborgen geblieben war.

Die Struktur dieses Buches folgt in gewisser Weise der Chronologie meines Vorgehens und dem sich ergebenden Erkenntnisgewinn.

- Zunächst nimmt Hartmut M. Volz einleitende journalistische Betrachtungen vor,
- dann folgt Thomas Pritzls Sicht aus heutiger Perspektive. Er traf Born auch noch nach dem Prozess und kurz vor dessen Tod.
- Es folgt ›#Fake-TV‹ der überarbeitete Originaltext ›*Der Fake Faktor*‹ aus der Zeitzeugenperspektive von 2006.
- Im Anschluss schildere ich meine Gedanken während und anschließend an das Studium der Gerichtsakte.
- Schlussendlich folgt im Kapitel ›Nachrichtenwerte und Relevanzindikatoren‹ (einer aktualisierten und bearbeiteten Fassung von Abschnitten aus Piasecki 2008) der Versuch der Klärung, wie Nachrichten erzeugt werden und Journalisten arbeiten; welche Kriterien eine Rolle spielen und nach welchen Indikatoren der Aufmerksamkeitswert einer Meldung bewertet wird. Dieser Teil stützt sich vor allem auf Erkenntnisse und Literatur, die zur Zeit Borns verfügbar war. Zwar geht es viel um Theorie, aber er lässt erkennen, dass nicht einmal aus historischer Sicht das Handeln von Michael Born gerechtfertigt wer-

> den kann. Nicht einmal zu seiner Zeit gab es so etwas wie einen Fälscherzeitgeist im Journalismus.

Dieses spannende Buchprojekt hat mich mit interessanten Sachverhalten und Menschen zusammengeführt, denen ich sehr zu Dank verpflichtet bin. Insbesondere danke ich Thomas Pritzl für die vielen anregenden Gespräche, Hartmut M. Volz dafür, dass ich an seinen redaktionellen Erfahrungen teilhaben durfte, die mehrere Jahrzehnte überspannen.
Der Staatsanwaltschaft Koblenz gilt Dank für ihre Geduld, meinen immer neuen Anfragen nicht aus dem Wege zu gehen und mir letztlich die Einsichtnahme zu gestatten und natürlich dem Personal des Lesesaals des Landesarchivs Rheinland-Pfalz sei für die aufmerksame und hilfreiche Betreuung gedankt.

Stefan Piasecki, Oktober 2025

Hinweis zur Rechtschreibung: Zitate werden in Originalform wiedergegeben. Das bedeutet so, wie sie gemäß der zum Zeitpunkt jeweils gültigen Rechtschreibung veröffentlicht wurden. Rechtschreibfehler (etwa aus Zeitungsartikeln) wurden übernommen, solange sie den Sinn nicht grob entstellten. Kommen diese bei Eigennamen vor, wurden sie beibehalten.

Anmerkung zu den Beteiligten: Die Namen von Personen der Zeitgeschichte oder des öffentlichen Interesses wurden aus den Originalausführungen von Thomas Pritzl übernommen bzw. im Kontext von Schilderungen aus der Gerichtsakte in der dortigen Form genannt. Eine Ausnahme stellen die unmittelbaren Tatbeteiligten dar: Sie wurden freigesprochen oder aber haben ihre Strafe längst verbüßt. Ihre Namen werden daher abgekürzt.

Die Macht der falschen Fakten (Vorwort)

Von Hartmut M. Volz

»Ein Gespenst geht um in Europa, das Gespenst des Kommunismus.« Mit diesen Worten beginnt das »Manifest der Kommunisten Partei«, das von Karl Marx und Friedrich Engels 1848 in London veröffentlicht wurde. Jahrzehnte geisterte es durch Europa, wühlte das Proletariat auf, fand in Russland eine Basis und die Kommunisten träumten von der Weltrevolution.

Das Gespenst hat seinen Schrecken verloren, die kommunistische Sowjetunion wie auch Bruder-Staaten sind zusammengebrochen und der Kalte Krieg gegen die Demokratien des Westens ging unrühmlich aus. Das wortgewaltige Manifest samt Geist hat nur noch historischen Wert. Die Kraft der Worte sind an der Realität zerschellt.

Jetzt rast ein anderes Phantom über den Globus. Es entzweit Freunde, spaltet Familien und ganze Gesellschaften. Wieder geht es um Begriffe. Der Name: »Fake News«. Umhüllt von erfundenen Wirklichkeiten und wilden Verschwörungstheorien schleudern Nachrichten Falsches in die Welt.

Das Gespenst tobt durch die Weiten des Internets. Was Fake News so gefährlich macht: Sie leben von der Unwahrheit. Mal spielerisch, mal wie ein Poltergeist. Als »Herr der Lügen« wurde Donald Trump gar US-Präsident. Mehr als 22.000 glatte Unwahrheiten brachten ihn bis ins Weiße Haus.

In der Welt falscher Fakten spielen Journalisten eine zentrale Rolle. Sie sollen Taten und Behauptungen prüfen, einordnen und Fake News entlarven, das ist ihr Job. Sie sind sozusagen die »Ghost Busters« der unrichtigen Nachrichten. In offenen Gesellschaften sind sie neben der Legislative, Exekutive und Judikative die vierte Gewalt der Demokratie. Journalismus und die Freiheit der Presse gelten als so etwas wie ein Bollwerk gegen manipulierte Fakten. Sie sind der Wahrheit verpflichtet (oder sollten sich, auch ohne Eid auf die Verfassung, so fühlen).

Gefälschte Botschaften gab es immer schon, neu ist die gespenstische Wucht. Vor allem das Internet ist Lügen und Verschwörungstheorien so etwas wie die Einbahnstraße zum Ziel. Plattformen wie Twitter, Facebook und Instagram sind ihre schwer zu kontrollierenden Transportmittel.

Neu ist das Fälschen von Information nicht. Manipulationen, Propaganda, Lügengeschichten sind so alt wie die Kommunikation selbst. Drei Jahrtausende ist es her, seit die älteste nachweisbare *Fake News* der Menschheit in die Welt gesetzt wurde. Damals wandelte der ägyptische Pharao Ramses II. seine krachende Niederlage gegen die Hethiter in der Schlacht von Kadesh als triumphalen Sieg um und ließ den Moment auf ein monumentales Relief bannen. Noch immer ist diese Verfälschung von Tatsachen als Kunstwerk zu besichtigen.

Lug und Trug schwebten durch die Jahrtausende, veränderten Staaten und Gesellschaften – bis hin zu Donald Trump, der mit dreisten Lügen 2016 die Präsidentenwahlen in den USA gewann. Er drehte die Realität einfach um und etablierte den Begriff »Fake News« als Kampfruf. Ihm nicht genehme Tatsachen tat er als »Fake News« ab und log selber, was das Zeug hielt. Seine »alternativen Wahrheiten« spalten noch heute das Volk. Ein gefährliches Gebräu, wie der Sturm seiner Anhänger auf das Washingtoner Kapitol im Januar 2021 zeigt.

Informationen, falsch oder richtig, sind immer der Anfang von Veränderungen. Deshalb bekämpfen autoritäre Regierungen eine freie und unabhängige Berichterstattung. Die Presse wird gleichgeschaltet, kritische Reporter verfolgt. Wo Medien nicht über Unrecht, Machtmissbrauch oder Korruption berichten können, findet keine öffentliche Kontrolle statt und es fehlen freie Meinungsbildung oder friedlicher Ausgleich von Interessen.

Doch wie verlässlich sind Medien und Journalisten, die sich der Wahrhaftigkeit verpflichtet fühlen sollten? Wie sauber ist die »Vierte Gewalt«?

Von Zeit zu Zeit ploppt die Fälschung eines Journalisten als Medienskandal hoch. Um den besseren Verkauf seiner Reportagen an TV-Magazine wie ›*stern TV*‹ oder ›*Spiegel.TV*‹ ging es dem Journalisten und Filmemacher Michael Born in den Achtziger- und Neunzigerjahren. Die bewegten und bewegenden Szenen, die Born in seine Berichte einbaute, waren plump gefälscht. Nur merkte es in den Sendern niemand – oder wollte es nicht. Borns Reportagen dienten ja der guten Quote. So wurden die Fälschungen immer dreister.

Anfangs unterlegte Born seine Berichte aus Kriegsgebieten nur mit Archivmaterial von Explosionen, um eine größere Spannung zu erzeugen. Dann produzierte er eindrucksvolle Bilder von indischen Kindern, die angeblich als Arbeitssklaven für IKEA Teppiche knüpfen mussten. Oder von rechten Rassisten, die als »Klu-Klux-Klan«-Anhänger in einem Wald in der Eifel wild posierten. Auch Reportagen über Drogenschmuggler fälschte er und bot sie erfolgreich den Sendern an. Schließlich flog der Schwindel auf, Born wurde wegen Betrugs zu vier Jahren Haft verurteilt. Die Anklage warf ihm mehr als 30 manipulierte Reportagen vor. Born rechtfertigte seine Fälschungen mit dem Druck der Sender, der auf ihn ausgeübt worden sei.

Ein anderes Beispiel: Der Schweizer Tom Kummer wurde 2000 als journalistischer Fälscher überführt. Unentdeckt hatte er dem Magazin der »Süddeutschen Zeitung« über Jahre Gespräche mit Hollywoodstars verkauft, die nie geführt worden waren. Sie gingen als »Phantom-Interviews« in die Mediengeschichte ein. Er wollte »die Medientheorie erweitern«, rechtfertigte sich der Journalist. Ihm sei es darum gegangen. die »Definition von Realität und Fiktion infrage zu stellen«. Es waren bewusste Täuschungen.

Ich erinnere mich an den Reporter einer Hamburger Boulevardzeitung, dessen Artikel von der Ressortleitung als »zu langweilig« abgelehnt worden war. Empört berlinerte der Kollege vor sich hin: »Jut soll's sein und stimmen och noch – jeht doch jar nicht.« Also dichtete er ein paar Fakten hinzu – und wurde gedruckt. Es war eben nicht nur die Grenzüberschreitung oder der Erfolgsdruck einzelner Journalisten, sondern auch die Erwartung der Redaktionsleitungen.

Noch ein Griff in die Vergangenheit: Der legendäre Gründer der Illustrierten »stern« Henri Nannen gab seinen Reportern den Rat, sie mögen ihre Reportagen mit »einer Katastrophe beginnen und sich dann langsam steigern«. Mag sein, dass es ironisch gemeint war, aber die Richtung trotzdem klar. Jahre später, Nannen hatte die Leitung der Redaktion aus Altersgründen seinen Nachfolgern übertragen, bekam der »stern« mit den gefälschten Hitler-Tagebüchern seinen eigenen Eklat. Die Reputation war dahin, die Häme in der Öffentlichkeit groß.

Dennoch, solche Skandale waren selten, das Ansehen der Medien und die Arbeit der Journalisten insgesamt intakt. Es war die erfolgreiche Zeit der Presse und des Fernsehens. Jahre in Gold – die Auflagen stiegen, die Quoten stimmten, das Geld sprudelte. Mag sein, dass in dieser Zeit die Saat für den Niedergang gesät wurde.

Die Grenze zwischen Fakten und Fake, zwischen Objektivität und Subjektivität, sagt Peter Sartorius, einst leitender Redakteur der Münchner

»SZ«, verlaufe dort, wo der Journalist wider besseren Wissens etwas erfinde: »In diesem Moment fängt er an, die Lüge zu gebrauchen, die ihm selber bewußt ist«.

»Spiegel«-Gründer Rudolf Augstein gab seinen Redakteuren und Reportern eine einfache Regel mit auf den Weg: »Schreibt nur auf was ist, nicht was sein könnte.« Augsteins Nachfolger waren offensichtlich weniger gewissenhaft. Einer seiner Mitarbeiter, Claas Relotius, schrieb großes Aufsehen erregende Reportagen für das Magazin – aber sie waren weitgehend erfunden. Seine Vorgesetzten merken es nicht und hoben sie ins Blatt. Relotius hatte die Leser getäuscht und das Haus in eine tiefe Krise gestürzt. Der Skandal war da, die Reputation des Mediums nachhaltig beschädigt.

Nicht nur seine Redaktionsleitung war bis dato von den Artikeln ihres Kollegen begeistert. 2018 hatte Relotius nach Meinung einer unabhängigen Jury die beste Reportage des Jahres geschrieben. Der »Spiegel«-Mann wurde zum Lohn mit dem (ebenfalls bis dahin renommierten) »Deutschen Reporterpreis« ausgezeichnet. Diesmal war ein syrischer Junge das Thema des Artikels, der glaubte, durch einen Kinderstreich den Bürgerkrieg im Land mit ausgelöst zu haben. Alles Fake. Relotius erklärte entschuldigend, den Erwartungen an ihn, den Preisgekrönten, nicht gewachsen gewesen zu sein. Der Druck war zu groß.

Ja, der Geist der Lüge. Was ist die Motivation von Journalisten wie Relotius, Kummer oder Born, die sich doch der Wahrhaftigkeit verpflichtet fühlen sollten? Eitelkeit, Druck, Erfolg, Dummheit, das Geld? Wohl auch die Nachlässigkeit der Redaktionen bei der Prüfung der Reportagen ihrer lügenden Lieferanten.

Das Gespenst der falschen Nachricht hat viele Gesichter. Eher harmlose wie Kummers erdachte, aber mögliche, Interviews von Hollywood-Größen, perfide wie die Fälschungen von Relotius – oder gefährliche wie Donald Trumps ständig wiederholte Lügen.

Die Gesellschaft verändert sich, mit ihr die Medien. Vor allem das Internet mit seinen sozialen Plattformen für alle wie Facebook, Twitter, Instagram oder Youtube beherrschen die Information – im Positiven wie im Negativen. Hier findet jeder ein Forum, um seine Gedanken, seine Behauptungen, seine Ängste in die Welt zu senden.

Die Zahl neuer Kanäle im Internet mit falschen Nachrichten und Verschwörungserzählungen steigt stetig, verstärkt Unsicherheit und Krisen in der Gesellschaft. Immer öfter tauchen journalistisch produzierte Magazine wie »info-direkt« oder Sender wie »AUF 1« auf. »AUF 1« ist ein Streamingdienst, der seine rechtsradikalen Botschaften und Verschwörungstheorien seit Mai 2022 verbreitet. Sogar das Logo von »AUF 1« ähnelt dem des 1. Programms der Öffentlich-Rechtlichen.

Aber auch Moskau überträgt mit seinem Propagandakanal »RT Deutsch«, früher »Russia Today«, über Satellit und im Internet Desinformation. 2014 startete die russische Regierung offiziell ihr deutschsprachiges Programm mit Sitz der Redaktion im Berliner Stadtteil Adlershof. Anfang 2022 wurde »RT« von den europäischen Medienbehörden verboten, um, wie es in der Begründung hieß, die »Verbreitung von Lügen« zu unterbinden. Von Moskau aus sendet »RT Deutsch« unverdrossen weiter.

Ein bisschen fühlt sich die Welt an wie die letzten Augenblicke der »Titanic«. Was damals auf See der Eisberg war, sind heute rund um den Globus die Überforderung mit dem Klimawandel, die Verseuchung der Meere mit Mikroplastik, Flüchtlingswellen, das Ringen um Ressourcen und die Furcht vor Überbevölkerung des Planeten. Die deutliche Energieknappheit, die Apokalypse eines drohenden Weltkriegs, die steigenden Corona-Zahlen und der Umgang damit, die Sorge vor weiteren Epidemien. Stoff für das Schüren von Ängsten.

Die Medien und ihre Macher wirken überfordert und scheinen von einer Krise in die nächste zu stolpern. Der Journalismus hat zudem auch durch den populär gewordenen Begriff der »Fake News« stark an Glaubwürdigkeit verloren. Immer schwerer fällt es dem Publikum, wahre Informationen von Falschnachrichten zu unterscheiden. Die Branche leidet. Journalist zu sein, ist kein Traumberuf mehr, wenn er denn je einer war. Zunehmend denken vor allem junge Medienleute daran, den Beruf zu wechseln, schreibt die gewerkschaftsnahe Otto-Brenner-Stiftung in einer Studie. Sie würden sich den »zentralen Herausforderungen der medialen Transformation« nicht mehr gewachsen fühlen. Der digitale Wandel frisst seine Kinder, der Verlust an Glaubwürdigkeit wächst.

Lässt sich Vertrauen überhaupt zurückgewinnen? Verschwindet irgendwann der rechte Kampfruf von der »Lügenpresse«? In den Achtzigerjahren des vergangenen Jahrhunderts prägte der kanadische Philosoph und Kommunikationsforscher Marshall McLuhan den Satz: »The Medium is the Message«. Nicht auf den Inhalt einer Nachricht komme es an, sondern wer sie verkündet. Es kommt also auf das Medium an, welches das Vertrauen und die Glaubwürdigkeit erhält. Möglicherweise ist es wie in der vermeintlich guten alten Zeit: Der eher Konservative liest die »FAZ«, der Liberale die »Süddeutsche« Zeitung, das aufgeklärte Publikum glaubt den Meldungen von ARD, ZDF – jedenfalls bislang.

Demokratie braucht einen vielfältigen und konstruktiven Journalismus vor Ort. Wir haben zu viele Informationen und so wenig Vertrauen in Politik und Journalismus. Aber ohne vertrauenswürdige Akteure und Absender von Information geht eine demokratische Gesellschaft auf Dauer kaputt.

»Vertrauen ist der Anfang von Allem«, heißt es in der Werbung der »Deutschen Bank«. Auch nur eine Worthülse. So einfach lässt sich der Geist der falschen Nachricht nicht vertreiben.

Eine Studie der Universität Stanford zeigte bereits 2016, dass 80 Prozent der 12- und 13-Jährigen nicht zwischen Nachrichten und Werbung unterscheiden konnten. Der Journalismus in den USA finanziert sich inzwischen stark durch gesponserte Inhalte, sogenanntes *native advertising*. Also Werbung, die sich als journalistischer Text tarnt. Highschool-Schülern wurden zwei Artikel über den Klimawechsel vorgelegt. Den einen verfasst von einem Wissenschaftsjournalisten, den anderen auf derselben Website – gesponsert vom Mineralölkonzern Shell. Fast 70 Prozent der Schüler empfanden den PR-Beitrag als glaubwürdiger. Es ist wohl so: Wenn Medien ein Spiegelbild der Gesellschaft sind, gehören falsche Nachrichten in all ihren Spielarten leider dazu.

Gespenstisch!

Hartmut M. Volz, Jahrgang 1946, schrieb für das Nachrichtenmagazin »Der Spiegel« bis in die Neunzigerjahre fast zwei Jahrzehnte unter anderem über Medien und war danach journalistischer Entwicklungschef für Printmedien in den Großverlagen Springer, Bauer und Burda. Volz arbeitet heute als freier Autor in Schleswig.

Die Medienaffäre Born (Prolog)

Von Thomas Pritzl

Am 23. Dezember 1996 verurteilte das Landgericht Koblenz TV-Fälscher Michael Born zu vier Jahren Haft. Gründe: Betrug, Verstöße gegen das Waffengesetz, Tierquälerei und Vortäuschung von Straftaten in siebzehn Reportagen. Mit dem Urteil gegen den damals 37-jährigen Selfmade-Journalisten war der »größte Fälschungsskandal im deutschen Fernsehen« juristisch beendet, wenngleich nicht aufbereitet. Auch für mich selbst nicht. Ich war als Presseverantwortlicher von und für *stern TV* so betroffen und überrascht wie alle anderen.

Zwar kaufte das *ZDF* ebenfalls seine »Fakes« und gehörten *Spiegel TV* oder das schweizerische Fernsehen zu seinen Kunden, aber Hauptabnehmer war *Stern TV*. Obwohl der Skandal die Grundfeste des TV erschütterte, beschäftigte Borns Verurteilung die Medien kaum. Handelte es sich um einen Zufall? Denn der Urteilsspruch erging einen Tag vor Weihnachten, die Redaktionen waren »notbesetzt«.

Das Urteil war perfekt platziert, die Meldung rutschte ins Nachrichtenvakuum. Ein Presse-Statement von *stern TV* aus Köln zum Prozessausgang, ein Hinweis auf den Jahresrückblick »Das Beste aus 1996« und danach die Weihnachtspause. So klang ein Skandal aus, der das In- und Ausland ein Jahr beschäftigt hatte. Ein Vierteljahrhundert ist vergangen und der »Kujau« des Fernsehens ist mittlerweile gestorben.

In seinem Metier hat er nach der Verurteilung nie wieder längere Zeit gearbeitet. Er stellte den Rest des Lebens Anträge zur Wiederaufnahme des Verfahrens – vergeblich. Die letzten fünfzehn Jahre verbrachte Born im Exil in Griechenland, als Olivenbauer. Isoliert von Familie und Freunden verfiel er mittellos dem Alkohol. Er hatte Mitte 2010 von meinem ersten Buch über ihn erfahren, mich ausfindig gemacht und zu sich gebeten.

Er wollte wissen, wie ich als Ex-Pressesprecher von *stern TV* zu den damaligen Ereignissen stünde. Ob ich nicht über »kritische Informationen« verfüge, also solche, die eine Wiederaufnahme unterstützen könnten. Daher tauschten wir uns erstmals während eines kalten Jahreswechsels 2011 in Kalamata aus. Mit jedem Glas Billigfusel kehrten die alten Geschichten in Borns Erinnerung zurück.

Dass er ein talentierter Erzähler und Kettenraucher war, wusste ich ja. Einmal sprach er über seine Haft. Er schilderte die Tricks, mit denen er es schaffte, den Gefängnisarzt zu überzeugen, dass er »psychisch instabil« sei. Ein anderes Mal ging es um die Methode, wie er in wenigen Monaten fast fünfzig Kilogramm Körpergewicht verloren hatte – äußerlich ein Wrack, innerlich »topfit«. Das Tricksen hatte er nicht verlernt.

Zuletzt 2015 erzählte er mir über seine Arbeit als »Freier« bei *stern TV*. Wieder vergaß er die Zeit. Auch ich fühlte mich zwanzig Jahre zurückversetzt. Ich war ab 1993 für die Beziehungen zwischen *stern TV* und den Medien verantwortlich. Günther Jauch und sein zweiter Mann, Andreas Zaik, hatten mich bei *RTL* Television aus der Abteilung »Kommunikation« abgeworben.

Wie jeden Medienfan reizte es mich, für ein Magazin tätig zu werden, das ein journalistisches Ethos vor sich hertrug. Ich gab den Job bei *RTL* auf, um als »Freier« redaktionelle PR für *stern TV* zu machen. Das heißt: Ich filterte aus Beiträgen Fakten und Informationen, um daraus Pressemeldungen zu erstellen. Diese versandte ich Dienstagfrüh an Zeitungen und Radios.

Ziel war es, in den Mittwochsausgaben mit einem Artikel oder Sendehinweis präsent zu sein. Dies klappte in den ersten Jahren ausgesprochen gut, inklusive Radiointerviews. Zeitgleich häuften sich Anfragen für Günther Jauch. Mal sagte der Moderator zu, ein anderes Mal ab. Allmählich genoss er den Ruf des investigativen Politjournalisten. Markenzeichen: Glaubwürdigkeit.

Er wurde Publikumsliebling und Star. *stern TV* galt neben *Monitor* und *Spiegel TV* als wichtigstes Politmagazin im deutschen Fernsehen. Ganz so hatten Jauch, Zaik und ich die Strategie festgelegt: »Auf alle Fälle Seriosität«. Sie war zwischen 1993 und 1995 aufgegangen. Einschaltquoten von vier Millionen, damals Marktanteile von zwanzig Prozent. Die Kölner Redaktion und das Hamburger Mutterhaus *Gruner+Jahr* jubelten.

Die Zusammenarbeit intensivierte sich. Ich besuchte Kollegen in Redaktionen. Hier und da sicherte ich ein Exklusivinterview mit Jauch zu, nur selten Stories. Im Gegenzug fanden sich »unsere« Beiträge mittwochs morgens unter den Sendehinweisen wieder, oftmals sogar auf den Titelseiten der Boulevardmedien. Reports von *stern TV* waren regelmäßig Themen in der Öffentlichkeit.

Schnell wurden an das Pressebüro andere Anfragen gerichtet. Es häuften sich Anrufe von Banken, Versicherungen oder Autoherstellern, die Jauch für einen Produktlaunch, ein Bankett oder Verkaufsevent »buchen« wollten. Ich gab derlei an die Agentur »*Brot und Spiele*« weiter. Die gehört Antonio Geissler, einem »Spezi« von Thomas Gottschalk.

Er organisierte solcherlei Nebentätigkeiten, kümmerte sich um Jauchs »Gesichtsvermietung«. Ich als PR-Mann dachte dabei an sein Image: Hoffentlich wird dies nicht publik. Denn das wäre für seine Glaubwürdigkeit ein Rückschlag. Schon damals standen Honorare von 100.000 DM und mehr pro Event im Raum. Zum Vergleich: Jauch erhielt für jede Magazin-Sendung rund 30.000 Mark.

Trotz der Nebengeschäfte entwickelte sich alles zum Besten. Ich hatte uneingeschränkten Zugang zur Chefredaktion oder den Chefs vom Dienst (CvD). Darüber hinaus war ich bei jeder Ausgabe am Mittwochabend vor Ort dabei, etwa um Kollegen von der Presse zu begleiten, Fototermine mit Jauch zu regeln und so fort. Auch an den folgenden Redaktionskonferenzen nahm ich teil.

Immer Donnerstag um zehn Uhr standen die Kritik der letzten Ausgabe und die Vorschau auf die nächste auf der Agenda. Ein mehrstündiges Ritual: gegenseitiges Schulterklopfen, Selbstbeweihräucherung. Spott über Gäste, die nicht »funktionierten«, also »mit feuchten Augen« ihr Schicksal schilderten. Danach hieß es für mich: Bei den Chefs vom Dienst mehr über die kommenden Themen in Erfahrung zu bringen, denn die gingen ja zwei Tage vor der Sendung an die Presse. Bei diesen »Rundgängen« lernte ich auch alle freien Mitarbeiter von *stern TV* kennen, darunter Michael Born. Weil diese knapp eine Woche vor der nächsten Ausgabe oft noch gar nicht wussten, in welche Richtung ihr Beitrag gehen sollte, entwickelte ich eine Methode: Ich kopierte mir das Rohmaterial, besonders Interviews.

Das wertete ich in aller Ruhe im Düsseldorfer Pressebüro über das Wochenende aus. Dass sich unter den ungeschnittenen Bildern bisweilen »Auffälliges« wie Regieanweisungen befand, bemerkte ich zwar. Es spielte für mich aber keine Rolle, denn ich wusste, dass das Material noch im Schnitt bearbeitet werden würde und nicht die Endfassung des Beitrags darstellte.

Mein Anliegen war es, für die Pressemeldungen »Fakten« zu recherchieren, sei es durch Auswertung des Rohmaterials oder gezieltes Nachfragen bei Redakteuren und den Chefs vom Dienst. Die CvD's hießen Sigrid Hüpen, Axel Pfeiffer, Elisabeth Neumann und Manfred Hering. In deren Konferenzen schlug ich regelmäßig auf der Suche nach Informationen auf.

Meist setzte ich mich dazu, später wurde die Runde unterbrochen, ich stellte meine Fragen, erhielt zusätzliche Hinweise oder Infos und verschwand danach wieder. Da konnten auch die Fetzen fliegen. So bekam ich öfter mit, dass Bilder in Beiträgen bemängelt wurden, Szenen daher nachgedreht werden sollten.

Irgendwann fiel mir auf, dass Michael Borns Reports darunter öfter waren als andere. Das deckte sich mit meinen Erfahrungen beim Sichten des Rohmaterials. Ich maß dem noch immer keine Bedeutung bei, bis Sigrid Hüpen, die neben Axel Pfeiffer am häufigsten mit Born zusammenarbeitete, mich an einem Freitag im Herbst 1995 gegen 22.00 Uhr im *stern TV*-Pressebüro aufsuchte.

Ich hatte der Kollegin angeboten, bei Drehaufnahmen in Düsseldorf behilflich zu sein. Sie war auf der Suche nach Orten in der hiesigen Altstadt, wo alkoholisierte Männer in der Öffentlichkeit ihre Notdurft verrichteten. Bevor wir uns gegen Mitternacht mit der Kamera auf die Pirsch legten, tranken wir selbst das ein oder andere Altbier.

In der Zwischenzeit plauderten wir über Themen wie den Redaktionsalltag oder Michael Born und die Qualität seiner Arbeit. Sie erklärte mir, dass sie ihn nicht für einen guten Journalisten und noch weniger für einen talentierten Kameramann halte. Dies sei Grund dafür, dass sein Material zu wünschen übrig ließe und er Szenen oftmals in Absprache mit der Redaktion nachproduzieren müsse. Ich brauchte gar nicht nach Beispielen fragen, denn ich hatte genug mitbekommen. Sigrid gab mir trotzdem ein aktuelles und erwähnte den Export von BSE-infizierten Rindern aus England über Holland in die BRD: Rinderwahn – damals ein absolutes Skandalthema und Garant für Quoten. Telefonate mit Mittelsmännern seien nachgestellt bzw. erfunden worden.

Auch dies schien mir nichts Skandalöses, sondern eher Berufszwang. Schließlich sind Dreharbeiten im kriminellen Milieu nicht gerade risikolos. Diese Leute kann man nicht einfach anrufen und um einen zweiten Dreh bitten. Ein Problem blieb: Die Redaktion verzichtete darauf, die Szenen als »nachgestellt« zu kennzeichnen. Auf dem Weg zu den pinkelnden Männern sagte mir Sigrid dann, dass Borns Manipulationen in der »nächsten Zeit bekannt werden würden.«

Ich war mir der Brisanz der Worte meiner leicht angeheiterten und stets »sensationslüsternen« Kollegin nicht bewusst. Wenige Wochen nach dem Dreh wurde die Redaktion Ende November oder Anfang Dezember 1995 Schauplatz einer Nacht-und-Nebel-Kommandoaktion. Auf Weisung der Chefredaktion wurde Rohmaterial von Born und anderen Freien »entsorgt«.

Danach stellte die Redaktion Anzeige gegen ihn und begab sich in die Weihnachtspause. Einen guten Monat später platzte während der Sendung am 17. Januar 1996 tatsächlich die Bombe. Eine wenige Zeilen lange Meldung über gefälschte Beiträge in Politmagazinen im deutschen Fernsehen machte die Runde: die Staatsanwaltschaft ermittele ebenfalls gegen *stern TV*.

Entspannte Stimmung am Buffet mit den Gästen der Sendung wie sonst stellte sich nicht ein. Vielmehr herrschte stählernes Schweigen. Ich verabschiedete mich früher als gewöhnlich aus dem Studio. Ich vermutete, dass am nächsten Tag eine Welle von Anfragen seitens der Presse folgen würde. Ich behielt recht.

Am Donnerstagmorgen stand das Telefon nicht still: etliche Presseanfragen, Interviewwünsche, Vorwürfe. Offensichtlich war: Die Affäre drohte außer Kontrolle zu geraten. Eine Sprachregelung musste her. Noch auf dem Weg in die Redaktion zum »Krisengipfel« stimmte ich dieselbe ab. Zaik war mit dem Vorschlag einverstanden: »*stern TV* ist Opfer, nicht Täter«.

Dass dies in den ersten Tagen des Skandals funktionierte, war nicht zuletzt Jauchs Bonus in Sachen Glaubwürdigkeit zu verdanken. In der Redaktion entfiel die übliche Sendungskritik, hier ging es um Schadensbegrenzung. Quasi über Nacht hatte die Atmosphäre gewechselt: Wo Kollegen sich zuvor mit Humor und Witz begegneten, herrschten nun gegenseitiges Misstrauen, Angst und Vorsicht.

Wenig zuträglich für Transparenz war sicherlich auch das Verhalten von Jauch und Zaik selbst. Stundenlang saßen sie hinter verschlossen Türen zu »geheimen« Gesprächen mit *Stern TV*-Hausjustiziar Winfried Seibert zusammen. Ich durfte sie immer wieder aufgrund von Presseanfragen stören. Dabei bekam ich mit, dass sie beabsichtigten, der Affäre durch »Eidesstattliche Versicherungen« den Wind aus den Segeln zu nehmen.

Darin versicherten die CvDs und andere Redakteure, dass sie zu keinem Zeitpunkt über Fakes informiert oder daran beteiligt gewesen waren. Natürlich war auch ihnen bekannt, dass es bei Borns Beiträgen zu Absprachen zwischen Autor und Redaktion gekommen war. Zaik machte Druck: Die Affäre könnte das Ende der Sendung bedeuten, würde das Team nicht zusammenstehen.

Es schwieg, wer bleiben wollte. Zeitgleich brachte der damalige *Stern*-Chefredakteur Werner Funk im Hamburger Mutterhaus ins Gespräch, das Magazin vom Bildschirm zu nehmen. Auch mit ihm tauschte ich mich mit einem Kollegen beim *Stern* seit Krisenbeginn morgens über den Stand der Dinge aus. Er befürchtete einen neuen GAU: Der Skandal um »Hitlers Tagebücher« lag dreizehn Jahre zurück, war aber jedem präsent.

All dies geschah in den ersten Tagen der Affäre und womöglich wäre es beim »Sturm im Wasserglas« geblieben. Doch nach einer Woche dramatisierte sich die Lage. Denn Jauch und sein Stellvertreter entschieden sich, in der Sendung Stellung zu nehmen. Dies war der naheliegendste Schritt. Warum nicht das eigene Medium nutzen, um Klarheit in Gerüchte und Vorwürfe zu bringen?

Dummerweise zeigten sie mit dem erhobenen Finger auf Branchenkollegen, die Born ebenfalls auf dem Leim gegangen waren. Kein Wort des Bedauerns oder der Entschuldigung, dafür Kollegenhäme. Klar, dass dies in der Branche nicht gut ankam. Anstatt Fehler einzuräumen, zu bedauern oder Verbesserungen zuzusichern, sagte Jauch auf dünnem Eis nur die halbe Wahrheit.

Danach überschlugen sich die Dinge. Die erfolgreiche Strategie der ersten Tage hatte sich abgenutzt, niemand glaubte mehr den Worten der Redaktion. Eine monatelange Schlammschlacht unter den Politmagazinen, in der keiner gewinnen konnte, begann. Die Staatsanwaltschaft ermittelte weiter, nahm die Befragung von Zeugen auf.

In der öffentlichen Debatte stellten Medien zeitgleich die Frage, ab wann *stern TV* Kenntnis von Borns Fälschungen hatte. Ob bekannt war, dass Szenen in seinen Beiträgen nachgestellt waren und ob dies mit Wissen oder, noch verwerflicher, gar auf »Bestellung« der Redaktion geschehen sei? Dass Born unredlich arbeitete, bewies mir ja nicht nur mein Gespräch mit Sigrid Hüpen.

Schon zuvor hatten sich »Unstimmigkeiten« in seinen Produktionen gehäuft. Der harmloseste darunter war jener einer angeblichen Bombenexplosion in Bethlehem. Kriegsreporter Born war in den Nahen Osten gereist, um über die Lage in Palästina zu berichten. Dummerweise gab es während seiner Anwesenheit keine Anschläge oder Massaker.

Zurück in Köln reichte das Material dem CvD nicht. Manfred Hering forderte mehr »Sensation«. Die wurde geliefert: Eine Bombendetonation in Bethlehem vor laufender Kamera. So vermittelte es zumindest der Beitrag. Dass Explosionsgeräusche erst nachträglich den Bildern technisch unterlegt wurden, haben die Zuschauer nicht erfahren.

Den Kollegen in der Redaktionskonferenz entging der Trick nicht. Denn die führte nicht zur Panik bei den Menschen in Bethlehem, sondern diese reagierten überhaupt nicht. Hering zog sich sinngemäß aus der Affäre: TV-Reportagen seien ohne journalistische Kunstgriffe nicht zu produzieren. Zu einer Diskussion darüber, was mit dem Berufsethos vertretbar ist und was nicht, kam es nicht.

Allen Teilnehmern am Konferenztisch war klar: Das Magazin musste Quote machen und dies gelang nur mit Sensationen. Born war der Mann für solche Fälle. Der Ex-Matrose hatte die Chuzpe, dort nachzuhelfen, wo es der Redaktion nicht »heiß genug« herging. So auch in einem Beitrag wenige Monate vor dem Skandal über den Möbelmulti *IKEA*: der lasse in Indien Kinder für sich arbeiten.

Beweis: Bilder von Webstühlen, an denen minderjährige Teppiche knüpften. Die Presse stieg auf das Thema im großen Stil ein. Der am Pranger stehende schwedische Konzern erlitt Imageprobleme und Umsatzverluste. Die Einstellungen waren inszeniert. Nachdem dies öffentlich wurde, hagelte es Vorwürfe gegen die Redaktion und meine Person. Ich hätte Falschberichterstattung unterstützt, so Claus Strunz, der damals für die Münchner Abendzeitung *az* schrieb und später Mitglied der Bild-Chefredaktion wurde.

Um Medienpartner nicht zu verlieren, besänftigte ich. Der Beitrag sei ein »Ausrutscher« in über fünf Sendejahren. Bei Zaik beschwerte ich mich, dass Aufnahmen und Informationen fehlerhaft gewesen seien. Der sagte lapidar: Er habe sich auf die Authentizität der Bilder verlassen. Im späteren Prozess fügte er hinzu, dass er nicht nach Indien hätte reisen können, um Borns Recherchen zu überprüfen.

Noch offensichtlicher verfuhr der Fälscher in einem Beitrag über Katzenjäger in Australien. Auch für den »trommelte« ich in der Presse. Da der Reporter nur dort gedreht hatte, legte ihm CvD Axel Pfeiffer nahe, das Material »durch dramatische Jagdszenen in Deutschland aufzupeppen.« Gleichzeitig passierte etwas Neues: Born musste an Eides Statt versichern, dass seine Aufnahmen authentisch seien.

Es war das erste Mal, dass ich von einem solchen Vorgang bewusst Notiz nahm. Aus meiner Zeit zuvor bei *RTL* war mir Ähnliches nicht bekannt. Zurück zu den Bildern im Beitrag, von denen mir eines besonders aufstieß: Es zeigte einen Jäger mit einem stümperhaft angeklebten Schnauzbart. Genau dieses Foto sollte an die Presse versandt werden.

Unmöglich, sagte ich Pfeiffer und erklärte, dass sich die Reaktion damit lächerlich mache und ich mein Standing nicht weiter gefährden werde. Das Bild wurde nicht genutzt. Trotzdem sprang die Presse auf das Thema an. Der Beitrag wurde ausgestrahlt und in Deutschland lieferten sich Tierschützer und Jäger tagelange Wortgefechte – einmal mehr schoss die Einschaltquote in die Höhe.

Inzwischen stapelte sich Material von Born im Archiv. Immer wieder wurde es gesichtet, bearbeitet und dennoch fehlte oftmals die letzte Sensation. So wie im Ku-Klux-Klan-Beitrag. Auch dieses Band besorgte ich mir. Es war unter dem Material, das Zaik noch vor dem Platzen des Skandals beiseiteschaffen ließ. Zuvor wurde das Thema wochenlang hin und her gereicht.

Irgendwann drohte es, Aktualität einzubüßen. Damit wären Vorschusszahlungen an Born obsolet. Daher richtete sich Zaik an die CvDs: Wenn Born keine Leute mit Kutten habe, dann solle er sie nähen und nachhelfen. Schließlich lag der Beitrag bei Elisabeth Neumann auf dem Schreibtisch. Wir waren »gute Kollegen« und ich wies sie darauf hin, dass das Hakenkreuz auf einer Fahne verkehrt war.

Zudem waren mir Szenen in einer Höhle aufgefallen – sie wirkten wie nach Anweisung gedreht. Ich sagte ihr, dass dies selbst normale Zuschauer erkennen würden und merkte ironisch an, dass Born der Aufforderung des Chefredakteurs wohl übereifrig Folge geleistet habe. Die sichtlich vergrätzte Elisabeth entgegnete entschieden: Das sei nicht »meine Baustelle«. Sie interessierte sich nicht für die Hinweise des »Pressefuzzis«. Apropos: Schienen Pressetexte nicht »reißerisch« genug, wurde in der Regel nachgeholfen. Zaik selbst hatte vor deren Freigabe immer wieder »dazu gedichtet« – damit richtig »geklappert« werden könne, wie er es nannte. Auch dies gehörte zur Redaktionsroutine. Wenn das in Sachen PR passierte, war es erst recht in Beiträgen möglich.

Der KKK-Beitrag brachte Borns Kartenhaus zum Einsturz: Eine Sprachanalyse zeigte, dass Darsteller in mehreren seiner Reportagen identisch waren. Er hatte auf die gleichen Personen zurückgegriffen. Born wurde Ende 1995 inhaftiert und erschien im Sommer des kommenden Jahres weitgehend abgemagert vor dem Landgericht Koblenz. Ihm war durchaus bewusst, dass er aus dem Prozess nicht als Sieger hervorgehen würde. Seine Gegner *Gruner+Jahr* sowie *Bertelsmann* setzten alles daran, den Selfmade-Reporter zu kriminalisieren. So kam es auch, obwohl mir im Vorfeld des Verfahrens ein weiterer »Freier« bestätigte, dass die Redaktion ihre Aussagen abgesprochen hatte. Martin Lettmeyer teilte mir zudem mit, dass Redaktionsanwalt Seibert während des Prozesses Protokolle der Zeugenaussagen anfertigen ließ; die wurden dann als Grundlage für die Abstimmung der Zeugen-Aussagen eingesetzt.

Mit anderen Worten: *stern TV* manipulierte Statements zum eigenen Nutzen – sie wurden »kohärent gemacht«. Martin sagte, er habe selbst an solchen Sitzungen teilgenommen. Natürlich dürfe das nicht ans Licht der Öffentlichkeit kommen. Ebenso wenig wurde der »Pressefuzzi« zum Prozess geladen.

Allerdings kam Richter Ulrich Weiland trotz Schuldspruchs zur Überzeugung, dass die Redaktion eher mehr als weniger über Borns Machenschaften Bescheid wusste, ja daran beteiligt gewesen sein musste. Darunter Andreas Zaik und Axel Pfeiffer, die zu diesem Zeitpunkt nach wie vor für *stern TV* tätig sind. Elisabeth Neumann hat sich ebenso wie Manfred Hering verabschiedet, Sigrid Hüpen verstarb kurz nach dem Skandal.

Das Urteil zweiter Klasse ist Grund dafür, dass Jauch selbst 25 Jahre später dem Thema noch aus dem Weg geht. Ein wenigstens teilweises Schuldeingeständnis von ihm war nie zu vernehmen. Im Gegenteil: Er war überzeugt, dass er stellvertretend für die Branche den »Kopf hinzuhalten hatte«. Gelegenheiten, über Verfehlungen und seine eigene Rolle zu sprechen, boten sich jedenfalls ausreichend. Doch dazu fehlt dem mittlerweile 65-jährigen die Bereitschaft. Überhaupt hat der Skandal seiner Karriere nicht geschadet. Denn er legte danach sein Kostüm als investigativer Journalist ab. *stern TV* wurde eine mehrstündige, bunte Boulevardshow seichter Themen. Drei Jahre nach dem Urteil schlüpfte er dann in die Rolle des Frageonkels der Nation.

1999 wurde Jauchs Firma *I&U* Produzent von »Wer wird Millionär?« Er selbst kassiert für jede Sendung 125.000 Euro, hat 2011 die Moderation von *stern TV* abgetreten. Nun zieht er im Hintergrund die Fäden: 2020 produzierte *I&U* fast ein Fünftel des Primetimeprogramms von *RTL*. Jauchs Vermögen wird auf 55 Millionen Euro geschätzt.

Außerdem arbeitet er als Moderator für die *ARD*, die mit dem *ZDF* und dem *Deutschlandradio* im Sommer 2021 beim Bundesverfassungsgericht die letzte Erhöhung des Rundfunkbeitrags auf 18,36 Euro durchgeboxt haben. Ursprünglich hatten die Sender sogar 19,24 monatlich beansprucht, das hatte Sachsen-Anhalt als einziges Bundesland blockiert.

Der Medienausschuss des Landtags begründete dies mit der Vernachlässigung Ostdeutschlands in der Berichterstattung und bislang ausgebliebenen Reformen des staatlichen Rundfunks – vergeblich. Nun alimentieren jeder Haushalt und jeder Betrieb die Staatssender und die Landesmedienanstalten, die für die Aufsicht der Privatsender und des Internets zuständig sind, mit 666 Millionen pro Monat.

Das macht pro Jahr rund acht Milliarden Euro. Bleibt die Frage, wieviel davon ins Programm geht? Es kursiert die Behauptung: 96 Prozent. Dies stimmt allerdings nur dann, wenn alle Kosten aufs Programm umgelegt werden – inklusive der Gehälter von Intendanten, die, wie im Fall des Chefs des Westdeutschen Rundfunk Tom Buhrow, schon einmal bei 404.000 Euro pro Jahr liegen.

Ähnlich hoch dürfte Jauchs Gage für drei jährliche Auftritte in Quizsendungen mit Jörg Pilawa sein. Die unabhängige Finanzkommission *KEF* prüft den »Finanzbedarf« der Sender und schlägt alle vier Jahre die Höhe des Rundfunkbeitrags vor. Sie soll dabei die Staatsferne des Rundfunks garantieren: Politik dürfe über den Hebel der Finanzierung nicht indirekt Einfluss auf das Programm nehmen, denn es müsse den Bürgerinnen und Bürgern Orientierungshilfe bieten, zumal die Bedeutung des öffentlich-rechtlichen Rundfunks in Zeiten »vermehrten komplexen Informationsaufkommens einerseits und von einseitigen Darstellungen, Filterblasen und Fake News andererseits« wachse. Nun ja, auch die *WDR*-Sendung *Zak* war Abnehmer von Born-Fakes gewesen ...

#Fake-TV: Was war los bei *stern TV?*

Der Fake-Faktor. Von Thomas Pritzl

Januar 2004: Die privaten Fernsehsender feiern das 20. Jubiläum ihrer Erstausstrahlungen. Beispiel *RTL*: Die Station, die sich ab 1984 am erfolgreichsten neben *ARD* und *ZDF* etabliert hatte, zeigt in zwei Jubiläumsshows »die größten Stars, die schönsten Momente und die lustigsten Pannen« aus der TV-Geschichte. Gastgeber Oliver Geißen begrüßt nach Thomas Gottschalk, Marcel Reif oder Mike Krüger auch Günther Jauch. Der verkörpert wie kein Zweiter den Aufstieg des Privatfernsehens in Deutschland: Schmunzelnd schildert der TV-Star, der jahrelang zwischen den öffentlich-rechtlichen und privaten Stationen hin und her wechselte, seine Erfahrungen aus den letzten beiden Jahrzehnten deutscher Mediengeschichte.

Mit Beginn des neuen Jahrtausends sind *RTL Television*, die *Pro SiebenSat.1 Media AG* – im August 2005 nach exakt zweijährigem Intermezzo in der Hand einiger Investoren um den israelischen Milliardär Haim Saban an die *Axel Springer AG* veräußert –, die Musikkanäle *Viva* und *MTV*, der Sportsender *DSF*, der Nachrichtenspezialist *n-tv* oder der Familiensender *super RTL* aus der Medienlandschaft nicht mehr fortzudenken. Als zentrale Player in der Medienwirtschaft erlösten sie zusammen im Jahr 2004 netto über 3,5 Milliarden Euro Werbegelder (laut Zentralverband der deutschen Werbewirtschaft), während sich die öffentlich-rechtliche Konkurrenz mit knapp 294 Millionen Euro abspeisen lassen musste.

Gleichzeitig lehrten die Kommerziellen die per Zwangsgebühr finanzierten *ARD* und *ZDF* mit innovativen Formaten das Fürchten: Auf die Krawallshow *Der heiße Stuhl*, ab 1991 bei *RTL* zu sehen, schießt sich die TV-Kritik ein; Reinhold Beckmann macht 1992 die Bundesligaspiele für *Sat.1* zum Zuschauermagneten; *RTL* inszeniert im Gegenzug die Formel 1 zum Rennzirkus; der satirischen *Late Night Show* bei *Sat.1* mit Harald Schmidt wiederum kann bis zu deren plötzlichem Ende im Dezember 2003 niemand etwas entgegensetzen.

Die Öffentlich-Rechtlichen trudeln unterdessen in eine Daueridentitätskrise. Das *ZDF* sendet am jugendlichen Zuschauer vorbei, entwickelt sich zum Lieblingssender der »Kukident-Generation«, wie Ex-*RTL*-Geschäftsführer Helmut Thoma einmal ironisch anmerkte. Nicht nur Bürger, auch Politiker fragen, ob eine quasi automatisierte Erhöhung der Rundfunkgebühren angesichts von Leistung und Angebot bei *ZDF* und *ARD* noch zu rechtfertigen ist. Genau darüber liegen die Kommission zur Ermittlung des Finanzbedarfs der Rundfunkanstalten (*KEF*), die Ministerpräsidenten der Länder und die Privatsender mit schöner Regelmäßigkeit miteinander im Clinch.

Vielen geht der öffentlich finanzierte Expansionsdrang in Wirtschaftsfelder, die nichts mehr mit dem Auftrag zur Grundsicherung der Meinungsvielfalt zu tun haben, zu weit. Beispiel Spartenkanäle: Aus welchem Grund rufen *ARD* und *ZDF* im Frühjahr 1997 den »Kinderkanal« ins Leben? Um dem Ende 1998 nach wenigen Jahren letztlich eingestellten US-Kindersender *Nickelodeon* die Refinanzierung durch Werbung schwer zu machen.

Feststellbar war bereits 2005 die Angleichung der Inhalte zwischen den privaten und öffentlich-rechtlichen Stationen. Keine Talkshow im Programm der Privaten, die nicht von staatlich alimentierten Sendern adaptiert worden wäre. Bei der *ARD* pubertieren Teenies in der Seifenoper *Marienhof*, bei *RTL* machen sie sich schon mehr als ein Jahrzehnt in *Gute Zeiten, schlechte Zeiten* Gedanken über Liebe, Sex und Leidenschaft.

Auch in einer der verbliebenen Domänen von *ARD* und *ZDF*, der Information, bieten die privaten Magazine *Spiegel TV, stern TV* oder *Focus TV* der öffentlich-rechtlichen Konkurrenz wie beispielsweise *Frontal, Monitor* oder *Kontraste* Paroli. Ausnahme: Die gebührenfinanzierten Nachrichtenbastionen *Tagesschau* und *heute*. Zu denen konnte in puncto Zuschauergunst nur *RTL aktuell* annähernd aufschließen.1

Über zwanzig Jahre kommerzielles TV-Programm bedeuten einen Boom für die ganze Medienbranche: ob Moderatoren, Redakteure oder Produktionsgesellschaften, Print, Hörfunk oder Public Relations. In den 90er-Jahren scheint es, als seien dem Aufstieg keine Grenzen gesetzt. Als dann 2002 die graue Eminenz der deutschen Medien, Leo Kirch, mit seinem Imperium aus Verlagen, Sendern wie *Sat.1* oder *Pro7*, diversen Vermarktungs- sowie Produktionsfirmen und der größten Filmbibliothek weltweit in die Pleite

---

[1] In den 2010er Jahren sind neben die Angebote in terristrischer oder Kabelaustrahlung etliche Onlineformate und Mediatheken hinzugekommen (d. Hrsg.)

schlitterte, waren die Hoffnungsblasen auf unendliches Wachstum geplatzt.

Bis dahin hatte lange Zeit Goldgräberstimmung geherrscht. Die Medien – ein Dorado, in dem sich zwar immer wieder kleinere Skandälchen wie um das Thema »Reality TV« im Jahr 1992 ereigneten, aber die von richtig veritablen Skandalen, die eine ganze Fernsehnation erschüttern konnten, weitgehend verschont geblieben war.

Ein solcher zeichnet sich dann im Winter 1995 ab. Und es ist symptomatisch für das Selbstverständnis der Branche, dass diese zwar nichts so sehr liebt, wie die Pleiten, Pech und Pannen anderer genüsslich und in Zeitlupe auszukosten, sich aber beim Kehren vor den eigenen Sendertüren zurückhält.

Es ist daher aus Imagegründen nachvollziehbar, dass der bis dahin größte Betrugsfall in der deutschen TV-Geschichte im Jubiläumsjahr mit Schweigen übergangen und nicht in der *RTL*-Show Anfang Januar unter der Rubrik »die größten Skandale« thematisiert wurde. Ein einmaliger Fall, der die Glaubwürdigkeit des Fernsehjournalismus im Mark traf, schlummert in den Giftschränken der Senderarchive seit einem Jahrzehnt weiter dem Vergessen entgegen.

Die Akteure darin: ein zwielichtiger freier Autor und ein freischaffender TV-Star. Beide sorgten ein Jahr lang dafür, dass die eher distinguierte TV-Branche mal mehr, mal weniger subtil aneinandergeriet und sich mit Vorwürfen überschüttete. Ganz zur Freude ihrer Berufskollegen, die jenes Auflagen und Quoten garantierende Branchenereignis bis ins letzte Detail für ihre Leser und Zuschauer in Szene setzten.

TV-Kujau Michael Born

Der Moment ist günstig, um die Person vorzustellen, der es gelang, *stern TV* und den TV-Journalismus in kürzester Zeit so ungemein ins Straucheln zu bringen: Hans-Michael Born, zum Zeitpunkt seiner Inhaftierung 37 Jahre alt, einmal geschieden und Vater dreier Kinder. Kam zum TV-Journalismus auf eher zufälligen Pfaden.

Im Anschluss an die mittlere Reife tingelt er mit einem Freund als Musikantenduo »Flop« durch seine Heimatstadt Lahnstein. In den 70er Jahren besucht er die Fachoberschule für Nautik in Hamburg, heuert als dritter Offizier auf einer Ostseefähre an. 1982 heiratet er, übernimmt die Zoohandlung der Mutter, produziert 160.000 Mark Schulden und schlittert in die Pleite. Wenig später geht auch die Ehe in die Brüche. Nach diesem Fiasko beschließt Born, die Welt »künftig als Journalist zu beschreiben.« Der Zeitpunkt – 1986 – ist günstig. Die ersten privaten Fernsehsender sind seit Kurzem am Start. Wer mit einer Videokamera halbwegs wackelfreie Bilder liefern kann, wird engagiert. Er gründet eine Firma, deren Name gleichzeitig sein Programm wird: *Trans-World-Pictures / Reportagen, TV-Produktionen, Risikoeinsätze*. Er berichtet aus Angola und Eritrea, ist im Jemen, im Irak, in Somalia (als Nahostexperte sitzt Born Ende 1992 sogar in Erich Böhmes *Talk im Turm*). Der Hasardeur ist als Kriegsreporter im Iran, in Afghanistan, immer wieder in Ex-Jugoslawien oder im Libanon. Hier wird 1987 der deutsche Ingenieur Rudolf Cordes von der Hisbollah entführt.

Born wird hellhörig. Grund: Sein Freund Abudi steht mit der Familie der als Tatbeteiligte in Deutschland inhaftierten Brüder Mohammed und Abbas Hamadi in Kontakt. Abudi stammt ebenso wie die Familie Hamadi aus demselben Beiruter Vorort. Mehr noch: Die Eltern der Inhaftierten sind gute Freunde von Abudis Mutter. Er wittert eine Riesenchance und beschließt, »etwas für den entführten Cordes zu tun«. Gemeinsam mit seinem Freund und ausgestattet mit einem Schreiben des stellvertretenden Botschafters Irans, in dem die Hisbollah eindringlich vor Übergriffen gegen seine Person gewarnt wird, reist er in die libanesische Hauptstadt.

Hier jagen sie Rudolf Cordes hinterher. »Unsere Berichte aus dem Libanon liefen damals in der *BBC*, bei der *ARD* und im *ZDF*«, erklärt Born stolz. Diese frühen Beiträge waren offenbar nicht zu beanstanden. Er sagte, er wolle mit seiner Arbeit immer auch helfen, aufrütteln, Öffentlichkeit schaffen. Er gibt allerdings zu verstehen, durchaus das Image eines risikobereiten Reporters gepflegt zu haben, der besorgte, was Korrespondenten nicht liefern konnten: härteste Frontaufnahmen aus Krisengebieten. »Wann immer Sender sie brauchten«, erklärt Born, »klopften sie bei mir an und bekamen meist, was sie wollten.«

Anderes Beispiel: seine Reise nach Tunis, um Jassir Arafat im Exil zu interviewen. Der Palästinenserführer gewährt ihm tatsächlich eine kurze Audienz. Für die dürftige Unterhaltung interessiert sich kein Sender, aber Born kann fortan mit einem Foto in den Redaktionen prahlen, das ihn mit Arafat zeigt.

Ein journalistisches Anliegen spricht Christian Bock vom *S-Zett*-Magazin ihm ab. Er lernte ihn Ende der 80er-Jahre in der Redaktion des Magazins *Klartext* des Münchner Senders Tele 5 kennen. Für *Klartext* drehte Born Filme über Opfer des Iran-Irak-Krieges, die sich in Deutschland behandeln ließen, oder über Schlepper, die Asylanten illegal durch die Alpen in die Bundesrepublik schleusen. Dieser Film stößt erstmals einer Redaktion auf. 1991 sendet das *ARD*-Magazin *ZAK* die Aufnahmen exklusiv, um dann durch Zuschauer zu erfahren, dass der Schlepperfilm zuvor bereits auf *Tele 5* zu sehen gewesen war. »Unseriöses Geschäftsgebaren« sei der Grund dafür gewesen, dass *ZAK* die Zusammenarbeit beendete, so Moderator Friedrich Küppersbusch. Natürlich habe man daraufhin Kollegen anderer Redaktionen vor Born gewarnt. Die Fernsehszene beurteilte Borns Qualitäten damals eher zurückhaltend. Er sei ein miserabler Kameramann, und von Journalismus verstehe er auch nichts. Trotzdem reüssierte er mit seinen Beiträgen bei Sendern wie *Pro7*, *Vox*, *RTL* oder dem Schweizer Fernsehen.

Mitte der 90er-Jahre entwickelte er eine Schwäche für die Naziszene, was ihm schließlich zum Verhängnis wird. Am 7. September 1994 strahlt *stern TV* den Bericht über angebliche Aktivitäten des US-Geheimbundes Ku-Klux-Klan in Deutschland aus, worin Kapuzenmänner in einer Felsenhöhle bei Mendig/Eifel ein Kreuz verbrennen und Naziparolen skandieren. Daraufhin nimmt die Staatsanwaltschaft Koblenz ihre Ermittlungen auf. Wenig später sitzt Michael Born in Untersuchungshaft. Dessen Fälscherkarriere, seine Enttarnung, vor allem aber der Umgang der Medien mit diesem PR-Super-GAU, verdeutlichen anschaulich Mechanismen der öffentlichen Ausbreitung, Verlagerung und Eindämmung von Skandalen und helfen grundsätzlich zu verstehen, wie »Skandalkarrieren« entstehen.

Spurensuche: Zeitreise ins Jahr 1995

Michael Born, dem damals 37-jährigen freien TV-Produzenten, gelingt das Kunststück, jahrelang private wie öffentlich-rechtliche Politmagazine mit angeblich authentischen Berichten zu betrügen, obwohl er die Themen darin erfunden und Szenen mit Freunden oder Bekannten nachgestellt hat.

Seine Fakes wären nicht weiter aufgefallen, hätte die Staatsanwaltschaft Koblenz nicht nach einem Beitrag um angebliche Aktivitäten des US-Geheimbundes Ku-Klux-Klan in Deutschland Ermittlungen wegen rechtsextremistischer Umtriebe aufgenommen und in Rheinland-Pfalz nach solchen Organisationen gefahndet.

In der Vernehmung über die Hintergründe der Reportage verstrickt Born sich in Widersprüche. Das war sein Fehler. Die Ermittler beginnen jetzt, sich für andere seiner Filme zu interessieren. Ein Justizermittler schaut sich stundenlang Szene um Szene aus dem Beitrag über das angebliche Treiben des Ku-Klux-Klans in Deutschland und einen angeblichen Rauschgiftschmuggel über die deutsch-schweizerische Grenze an. Dann vermutet er in dem Darsteller des vermeintlichen Rauschgifthändlers und einem mit weißer Kapuze vermummten Ku-Klux-Klan-Anhänger ein und dieselbe Person. Eine Stimmenanalyse des Bundeskriminalamts bestätigt seine Vermutung. Gegen Born wird fortan wegen mutmaßlichen Betruges ermittelt. Beweise für kriminelle Machenschaften finden die Ermittler bei einer Durchsuchung seines Hauses in Lahnstein haufenweise. Born macht sich nicht einmal die Mühe, Spuren seiner Fakes zu beseitigen. Kapuzen aus dem Ku-Klux-Klan-Bericht, Fahnen mit Hakenkreuz, Bomberjacken oder die Reichskriegsflagge – Requisiten, die nur einen Zweck hatten: Themen durch mehr oder weniger geschickte Manipulation der Wirklichkeit zu einem Stoff zu machen, hinter dem TV-Magazine her sind wie Süchtige hinter der Droge: Sensationsgeschichten.

Durch ihn gelangt neben anderen Politmagazinen auch *stern TV* in den Fokus der Ermittler. Grund: An die Kölner Redaktion verkauft er die meisten seiner Phantasiewerke – dies beweisen Honorarzahlungen aus den Jahren 1991 bis 1995. Nach den Ermittlern stellen bald auch Medien erste Fragen: Hätten die Fälschungen nicht als solche erkannt werden müssen? Warum funktionierten die redaktionellen Sicherungssysteme nicht? Hatte Born dort Mitwisser? Oder wurde aus Quotengier jeder journalistische

Anspruch über Bord geworfen? Mit anderen Worten: Wie steht es um das Berufsethos in der Redaktion?

Fragen, bei deren Beantwortung sich der viel beschäftigte Moderator und Ex-Chefredakteur von *stern TV*, Günther Jauch, auf einmal öffentlich in das journalistische Handwerk blicken lassen musste. Ein Routinejob für einen an kritische Fragen und öffentliche Auftritte gewöhnten Medienprofi, könnte man meinen: Seit Jahren tingelte er durch die TV-Branche, moderierte neben dem Politmagazin die *Champions League* für *RTL*, außerdem kaufte ihn das *ZDF* für das *Aktuelle Sportstudio* ein. Doch er und sein Chefredakteur Andreas Zaik wurden im Laufe der Ereignisse selbst zu Objekten der Recherche und zu Getriebenen der Medien. Für die ganze Branche und besonders die beiden Journalisten wurde 1996 zum schwarzen Jahr. Sie schlitterten bezüglich ihrer Glaubwürdigkeit in eine Krise, mussten persönliche Niederlagen und Beschuldigungen einstecken, die sie bis an den Rand des beruflichen Absturzes manövrierten.

Wie konnte sich eine Affäre im Wechselspiel von sensationsgierigen Medien, Eitelkeiten und persönlichen Fehlentscheidungen in wenigen Tagen zum größten Skandal in der deutschen Fernsehgeschichte aufschaukeln? Warum entwickelte sich eine Schlammschlacht unter den Politmagazinen, die in einer Hetzjagd der Medien auf Günther Jauch gipfelte und ihn öffentlich in die Tiefe riss?

Zunächst aus der Perspektive des Jahres 1995: Wie reagieren ein bis dato unangreifbares TV-Magazin und sein Moderator, wenn sie mit staatsanwaltschaftlichen Ermittlungen konfrontiert werden und zu allem Überfluss andere Medien damit beginnen, sich für das Innenleben der Redaktion zu interessieren?

Antwort: ganz menschlich. Ähnlich wie zum Beispiel ertappte Raser. Ausweichend und taktierend, um die Fehlerquote in Sachen Widersprüche so niedrig wie möglich zu halten. Dass dies unter den Zwängen der Aktualität selbst für erfahrene Journalisten zum Drahtseilakt werden kann, wird sich bald immer wieder aufs Neue zeigen.

Ungereimtheiten ranken sich zunächst um den Zeitpunkt, zu dem *stern TV* Ende 1995 Wind von den eingeleiteten Ermittlungen bekommen haben will. Am 4. Dezember durchsucht die Koblenzer Kriminalpolizei die Redaktionsräume des Magazins in Köln. Zwei Tage darauf sichert Zaik den Strafverfolgern volle Unterstützung bei der Aufklärung des Falles zu.

Im späteren Prozess vor dem Koblenzer Landgericht stehen sich in diesem Punkt zwei Positionen unvereinbar gegenüber: die Version des *stern TV*-Chefs und die Variante des Born-Assistenten Georgios C., der wegen Beihilfe zum Betrug mit auf der Anklagebank sitzt. Es ist das Spiel Aussage gegen Aussage.

Zaik sagt, er habe sich im Anschluss an ein Treffen mit dem Assistenten am 5. Dezember entschieden, die Behörden uneingeschränkt zu unterstützen, *stern TV*-Anwalt Winfried Seibert aufgesucht und danach Anzeige erstattet. Grund: Born habe in einem Telefonat damit gedroht, das Magazin der Mitwisserschaft zu bezichtigen.

Zur Untermauerung legt er eine Taxiquittung vor. Sie soll beweisen, dass er wirklich in das Büro des Anwalts gefahren sei. An den Inhalt der in Anbetracht der Ereignisse sicherlich hitzigen Diskussion kann sich der Chefredakteur ebenso wenig erinnern wie sein Rechtsbeistand, der entgegen dem Usus seines Berufsstands ganz offensichtlich kein Protokoll über die Besprechung verfasst hat.

Die Version des Born-Assistenten ist grundlegend anders. Das fragliche Gespräch habe mehrere Tage zuvor am 24. oder 25. November stattgefunden. An den Inhalt erinnert sich Georgios C. genau: Er habe Zaik über sämtliche manipulierten Filme Borns informiert, die bei *stern TV* liefen.

Aus welchem Grund auch immer: Die Ausführungen des Chefredakteurs werden später den Richter Ulrich Weiland für die Urteilsfindung mehr überzeugen als die Darstellungen des Born-Assistenten. Sollte das Gespräch jedoch im November und nicht erst im Dezember stattgefunden haben, so wäre dies nicht ohne Brisanz. Denn dann hätte *stern TV* sich nicht sofort nach dem Treffen mit C. entschlossen, die Behörden zu unterstützen, sondern zunächst abgewartet. Um kritische Dokumente oder Beiträge zu sichten und sich so für die Zukunft zu präparieren?

Überzeugt es tatsächlich, dass das Magazin vor der Durchsuchung nicht Wind von den Ermittlungen bekam? Immerhin ging zu diesem Zeitpunkt der Mann, der die Wirklichkeit so täuschend echt zu inszenieren wusste, seit fast fünf Jahren in der Redaktion als freier Mitarbeiter ein und aus. Ob als Kameramann oder Autor im In- und Ausland – Born, der sich erste Meriten als Reporter im Iran-Irak- oder Golf-Krieg verdiente, ist damals *der* Mann für Sensationen und Garant für dramatische Bilder. Dies sichert ihm in der Redaktion nicht nur Gehör, sondern auch Sympathien.

Zwar hapert es dem Selfmade-Autoren, der das journalistische Handwerk bekanntlich nie gelernt hatte, stets an der Qualität. Doch um Schwächen in Text und Bild in den Griff zu bekommen, stellte ihm der Chefredakteur Mitarbeiter aus den eigenen Reihen zur Seite. Gemeinsam mit Redakteur und Cutter sichtet Born dann das Rohmaterial, wählt Sequenzen aus, diskutiert Zitate, entscheidet über die Schnittfolge. Es dauert mehrere Stunden, manchmal Tage, bis die in der Regel vier- bis sechsminütigen Beiträge von *stern TV* für die Endabnahme durch den Chefredakteur fertig gestellt sind.

Ist es vor diesem Hintergrund eher auszuschließen oder vielmehr wahrscheinlich, dass sich zwischen Born und einzelnen Redakteuren freundschaftliche Drähte entwickelten? Und konnten nicht über diese Verbindungen frühzeitig Details der losgetretenen Ermittlungen von Koblenz nach Köln gelangen? Offene Fragen! Wie erwähnt wird sich das Gericht im späteren Prozess für die *stern TV*-Version entscheiden.

So dürften sich die Ereignisse zuvor zugetragen haben und ab hier zur Chronologie. Am 8. Dezember 1995 erließ die Staatsanwaltschaft Koblenz Haftbefehl gegen Born, drei Tage später saß er in Untersuchungshaft. Von all diesen, für ein Politmagazin höchst ungewöhnlichen Ereignissen drang kein Wort an die Öffentlichkeit – noch nicht.

Erste Indizien, Mittwoch 3. Januar 1996

In der Redaktion herrschte an den letzten Tagen vor Weihnachten Hochbetrieb. Sendungen, die im *RTL*-Programm angekündigt sind, müssen aufgezeichnet und zusammengeschnitten werden. Günther Jauch im Dauerstress. Termindruck für alle Redakteure, denen eines nicht verborgen bleibt: *stern TV*-Anwalt Seibert, Jauch und Zaik treffen sich ungewöhnlich häufig zu langen Gesprächen hinter verschlossenen Türen. Der Grund dafür bleibt im Dunkeln. In der Redaktion kursiert das Gerücht, dass es im Zuge eines Beitrags wohl zu einem massiven juristischen Nachspiel gekommen sein muss.

Moderator und Chefredakteur wissen zum Jahreswechsel zwar um die Gefahr, eine zentrale Rolle in der sich abzeichnenden Affäre um gefälschte TV-Berichte zu spielen, aber die Redaktion informieren sie darüber nicht. Das alte Jahr plänkelte aus, und mit der Routine von über 250 Sendungen startet *stern TV* ins neue.

Für ihre durchschnittlich rund drei Millionen Zuschauer hat die Redaktion ein Neujahrsgeschenk: einen Rückblick auf das Jahr 1995. Der zeigt noch einmal einige der Highlights der Beiträge. Darin bleiben zum allgemeinen Erstaunen zwei der Schlagzeilen- und Quotenbringer unberücksichtigt. Da ist zunächst der im Januar ausgestrahlte Film »Kinderarbeit in Indien«. Dramatische Aufnahmen aus einer Manufaktur in Panipat, einem Dorf im so genannten ›Teppichgürtel‹ bei Neu Delhi. Kinder knüpfen in dem Beitrag Teppiche für den schwedischen Möbelmulti *IKEA*, die für den deutschen Markt bestimmt sind. »Arbeitsbedingungen in zuliefernden Kleinstbetrieben katastrophal« heißt es in einer Mitteilung, die *stern TV* zur Ankündigung der Enthüllungen zuvor an die Medien versandt hat. Folge: Schon vor der Sendung geht ein Aufschrei durch die Presse, *IKEA* steht öffentlich am Pranger.

Ebenfalls nicht im Programm ein Beitrag, der die tierliebende Nation entsetzte: »Katzenjagd in Deutschland«. Das Magazin führt darin den Beweis, dass Waidmänner umherstreunende Katzen in deutschen Wäldern abschießen. Höhepunkt: Ein Jäger lässt sich dabei filmen, wie er im Taunus eine wilde Katze mit einer Schrotflinte abknallt. Noch Tage nach der Ausstrahlung liefern sich Jäger und Tierschützer in der Öffentlichkeit hitzige Gefechte.

Einer Antwort auf die in der Redaktion oft gestellte Frage, warum diese Knüller nicht erneut gezeigt werden, geht die Führungsspitze aus dem Weg. Sie wollen die Fans vor den heimischen Bildschirmen anders entschädigen. Anstelle der Sensationsgeschichten können sie hinter die Kulissen des Magazins blicken: rasende Reporter unter dem Diktat der Tagesaktualität im Interview. Rasante Einspieler von Redaktionskonferenzen, aus dem Schnitt oder der Regie bilden das Spielmaterial für das Gesicht von *stern TV*, Günther Jauch, der sich sogar beim Schminken in der Maske über die Schulter schauen lässt.

»Glaubwürdigkeit, Seriosität und präzise Recherche« – das sind Eigenschaften, die sich das Magazin zugutehält. Was später über den Sender gehe, versichert Jauch im Rückblick, werde vorher nach allen Seiten hin diskutiert und abgeklopft. Der Zuschauer erlebt »Faszination Fernsehen« hautnah und im Volltempo.

Über den Stand der Ermittlungen der Staatsanwaltschaft Koblenz verliert Jauch weder in dieser noch den beiden folgenden Sendungen auch nur eine Silbe. Ebenfalls nicht darüber, dass es rückblickend eben kein Zufall war, auf die beiden Beiträge zu verzichten. Denn sie sollen, wie eine zu dem Zeitpunkt unbekannte Anzahl anderer, von Born manipuliert worden sein.

Die *stern TV*-Führungscrew hatte wohl entschieden, Vorgänge nicht anzusprechen, die das tadellose Image des Magazins belasten und Zuschauer irritieren könnten. Warum womöglich noch dazu Werbekunden verprellen, die für ihre Produkte in dem Magazin jeden Mittwoch ab 22.10 Uhr einen Quotengaranten gefunden haben? Als Marktführer rangiert es weit vor der Konkurrenz. Mit keinem anderen parallelen TV-Format wird Mitte der 90er die im Marketingdeutsch so genannte *werberelevante Zielgruppe* der bis zu 49-jährigen zielgenauer erreicht. Ein immenser Vorteil in einer Zeit, in der unter den TV-Magazinen ein immer härterer Kampf um Einschaltquoten und Werbegelder tobt.

Die Zuschauer erfahren auch nichts von einem anderen Fake, der in der Welt der dramatischen Fernsehbilder gang und gäbe ist: nämlich dem Publikum Sendungen aus der Konserve wie etwa einen Jahresrückblick als live zu verkaufen, obwohl der bereits Wochen vorher aufgezeichnet und danach zusammengeschnitten wurde.

Hier war das ebenfalls der Fall, aber mit profanem Hintergrund. Denn in Zeiten nationaler Großfeiertage wie bei einem Jahreswechsel arbeiten fast alle Medien, ob TV, Print und Hörfunk, mit Vorproduktionen, da die Redaktionen nicht voll besetzt sind. So gelangen Berichte und Reportagen zum Großteil aus dem so genannten Stehsatz über den Bildschirm, den Äther oder in die Blätter.

Aktualität hin oder her – auch Redakteure wollen einmal eine Verschnaufpause einlegen. Zum Luftschnappen hat die Kölner Redaktion noch zwei Wochen Zeit. Dann tritt der bislang größte Betrugsfall in der Geschichte des deutschen Fernsehens mit voller Wucht ans Licht der Öffentlichkeit.

Beginn der Affäre, 17. Januar bis 20. Januar 1996

Mittwoch, 17. Januar 1996

Journalistenalltag bei *stern TV*. Punkt 11 Uhr ist Start der Redaktionskonferenz: Wie ist die Presseresonanz auf die Themenankündigung der aktuellen Sendung? Liegt die Produktion der Beiträge im Zeitplan? Diskussion mit Günther Jauch über den letzten Stand der Filme, die der Chefredakteur zwischen 16 und 20 Uhr abnimmt. Der Moderator sieht sie erst in der Endversion am Abend. Bis gegen 20.30 Uhr, wenn die Regieproben in einem Studio im Kölner Vorort Hürth beginnen, verschanzt sich Jauch in seinem Büro, entwirft An- und Abmoderationen, stellt sich auf seine Gäste ein.

Das Magazin beginnt wie gewöhnlich kurz nach 22 Uhr, die Werbeinseln sind wie immer nahezu komplett ausgebucht. Auf den ersten Blick eine völlig normale Live-Sendung: Jauch moderiert souverän die mehr oder weniger skandalträchtigen Beiträge an, spricht mit den Gästen und führt durch die flankierenden Studioaktionen.

Schon während der Sendung macht erstmals die Nachricht über einen druckfrischen Artikel im Münchner Boulevardblatt *Abendzeitung (AZ)* im Studio die Runde: Michael Born, dessen Produktionen regelmäßig für hohe Quoten und heiße Diskussionen in der Redaktion sorgten, ein windiger Betrüger? Waren seine spektakulärsten Reportagen »erstunken und erlogen«, wie es in der Meldung heißt? Und warum wurden die Mitarbeiter nicht von den laufenden Ermittlungen unterrichtet? Nach dem Ende der Sendung gegen Mitternacht ist die Stimmung am Buffet, wo es ansonsten quicklebendig zugeht, gedrückt. Irritation und Unglaube unter den Redaktionsmitgliedern. Und Misstrauen: Wer ist der Kollege, den der Artikel zitiert und der Vorwürfe bestätigt, dass in *stern TV*-Reportagen nicht alles mit rechten Dingen zugegangen sei? Das Rätselraten geht bis tief in die Nacht.

Donnerstag, 18. Januar 1996

Am nächsten Tag ist die Stimmung in der übermüdeten Redaktion gereizt. Die übliche Kritik der Sendung am Vormittag entfällt. Das Magazin gerät langsam und unaufhaltsam ins Visier anderer Medien. Grund: Oliver Kuhn, der *AZ*-Autor, setzt den Starmoderator unter Druck. Am Ende seines

Artikels behauptet er, dass Günther Jauch heute zu den Vorwürfen Stellung nehmen werde. Zu allem Überfluss informiert die Staatsanwaltschaft Koblenz am Morgen ihrerseits die Medien über den Ermittlungsstand gegen den mutmaßlichen TV-Fälscher. Die Nachrichtenagentur *Agence France Press (AFP)* meldet am Mittag, dass ein Filmproduzent mehreren TV-Sendern mindestens zweiundzwanzig frei erfundene Filme als echte Dokumentarstreifen verkauft haben soll. Neben dem Schweizer Fernsehen *DRS* und dem *Westdeutschen Rundfunk (WDR)* zählen zu den Betroffenen die Magazine *stern TV* und *Spiegel TV* sowie *S-Zett*, ebenso die Privatsender *Sat.1* und *Pro7*. Danach muss *stern TV* reagieren.

Gemeinsam wird eine Erklärung verfasst, die in den Mittagsstunden die Presse über die Affäre und insgesamt fünf mutmaßlich manipulierte Filme, die das Magazin ausgestrahlt hatte, informiert:

> *Stern TV stellt Strafanzeige*
> *Die Staatsanwaltschaft Koblenz ermittelt gegen einen freien Fernsehjournalisten wegen Betrugs und anderer Delikte. (...) Soweit stern TV betroffen ist, beziehen sich die Vorwürfe auf folgende Sendungen:*
> *Eine 1992 gesendete Reportage über einen Drogenkurier (...); Teile eines Films aus dem vergangenen Jahr über die Aktivitäten des Ku-Klux-Klans in Deutschland (...); einen Film über kurdische Terroristen bei der Bombenherstellung (...), (den) Beitrag »Katzenjagd« (...); (den) Film »Kinderarbeit in Indien« (...).*
> *(...) stern TV hat bereits im vergangenen Jahr Strafanzeige wegen des Verdachts des Betruges erstattet. (...) Chefredakteur Andreas Zaik: »Alle Beiträge hatten wir, soweit uns dies möglich war, auf ihre Authentizität geprüft. (...) Gegen kriminelle Machenschaften ist allerdings niemand hundertprozentig geschützt - leider auch nicht eine Fernsehredaktion. (...)«*

Obwohl die Medienprofis zu diesem Zeitpunkt seit Wochen über den Stand der Ermittlungen unterrichtet sind, versäumten sie es, frühzeitig überzeugende Abwehrmaßnahmen zu treffen. Stattdessen formulierten sie eine Verlautbarung, die sich in Windeseile als unzureichend herausstellen wird. Ein offensichtliches Defizit ist das Fehlen einer Kommunikationsstrategie im Umgang mit der Affäre gegenüber Medien und Öffentlichkeit – dies wird Konsequenzen haben.

Zunächst haben die Redakteure in Tageszeitungen und Agenturen Klärungsbedarf. Die Redaktion wird mit einer Welle von Rückfragen konfrontiert: Warum erfährt das Publikum erst jetzt von der Strafanzeige. Gibt es weitere Fälle? Sind Versicherungen an Eides statt in der Branche üblich, um sich in Sachen Authentizität und Recherche abzusichern? Wie genau steht es um die journalistische Sorgfaltspflicht bei *stern TV*?

In Köln stehen die Telefone nicht mehr still, an die normale Redaktionsarbeit denkt im Augenblick niemand. Alles dreht sich darum, wie die Anfragen der Journalisten bewältigt werden können. Und natürlich würde jeder am liebsten mit Jauch direkt sprechen.

Der zieht es indes vor, das Feld seinem Chefredakteur zu überlassen. Zaik tritt mit einer zweiten Verlautbarung die Flucht nach vorne an:

> *Schaden für die Glaubwürdigkeit*
> *Mit seinen kriminellen Machenschaften hat der TV-Produzent Michael B. nicht nur unserer Glaubwürdigkeit, sondern der des gesamten Fernsehjournalismus Schaden zugefügt, sagt stern TV-Chefredakteur Andreas Zaik. (...)*

Zwar habe *stern TV* jedes Thema gegenrecherchiert und auf Plausibilität überprüft, dennoch sei es bei ausreichender krimineller Energie schwierig, getürkte Reportagen auch sofort als solche zu erkennen. Den Vorwurf, *stern TV* habe es an der Pflicht zu journalistischer Sorgfalt mangeln lassen, lässt Zaik nicht gelten.

Natürlich weiß Jauch, dass er an Interviews nicht vorbeikommt, zumal sein Chefredakteur öffentlich nahezu unbekannt ist. Ausgelöst durch Presseerklärungen, die *AFP*-Meldung und einige Einzelinterviews ist das Räderwerk der Medien in Gang gesetzt und läuft zu Hochtouren auf.

Ob *Deutsche Presse Agentur (dpa)*, *Associated Press (AP)* oder *Reuters* - sämtliche Nachrichtenagenturen in Deutschland steigen auf das Thema ein, jagen es über den Ticker und machen die Affäre bundesweit zum Medienthema Nummer eins.

Freitag, 19. Januar 1996

Der Blätterwald rauscht. Das Kölner Lokalblatt *Express* lässt wissen:

> *(...) Gefälschte Filme an TV-Sender verkauft - Günther Jauch: »Ja, wir sind betrogen worden. Doch beim ersten Anzeichen auf Betrug haben wir Anzeige erstattet. Ich hoffe, die Zuschauer vertrauen uns weiter.« (...)*

Ähnlich die Schlagzeile der *Neue Ruhr / Neue Rhein Zeitung*:

> *(...) Jauch fiel auf Betrüger herein - Filmemacher ergaunerte 300.000 Mark. (...)*

Es ist wegen der bisherigen Einmaligkeit des Falls bemerkenswert, dass die Mehrzahl der Tageszeitungen lediglich mit kleineren Meldungen auf das Thema einsteigt. Als Tenor setzt sich zunächst durch, dass *stern TV* mit »hoher krimineller Energie« betrogen worden sei und »beim ersten Anzeichen Anzeige« gestellt habe. Es ist wohl auf die hohe Reputation von Moderator und Magazin zurückzuführen, dass die Redaktion eine letzte Verschnaufpause bekommt. Denn Jauch räumt in dieser Zeit ausgesuchten Medien die Möglichkeit zu Interviews ein. Über sein Privatleben spricht er dabei so gut wie nie, über sein journalistisches Selbstverständnis umso mehr. Und so verfestigt sich in der Öffentlichkeit und unter Kollegen ein Image, das ihn zum Synonym für Seriosität macht. Ebenso wie sein Magazin, das seit Jahren systematisch am Polit-Image arbeitet. In einer wenige Wochen zuvor versandten Pressemitteilung bezeichnete es sich als Marktführer unter den politischen Magazinen mit einem Marktanteil von über 20 Prozent.

Mehr noch: Konsequent und erfolgreich wie kaum ein anderes TV-Format füttert die Kölner Redaktion per redaktioneller PR andere Medien, besonders die Presse. Folge: Diese steigt ihrerseits immer wieder mit Artikeln und Verweisen auf die Enthüllungen des Magazins ein. In über fünf Jahren seit Sendestart entwickelte sich so eine Art Vertrauensbonus.

Mit einer Ausnahme: das Münchner Boulevardblatt *AZ* der Verlegerfamilie Friedmann. Keine 24 Stunden nach der ersten Meldung gibt es publizistisch Vollgas und titelt:

> *(...) Skandal um Jauch - TV-Zuschauer betrogen - So belügt uns das Fernsehen - Millionen glaubten erfundene Storys. (...)*

Die Schlagzeile katapultiert die Affäre in eine neue Dimension. Autor Kuhn personalisiert den Fall, drängt *stern TV* und damit Jauch in eine Stellvertreterrolle für die erschütterte Glaubwürdigkeit des privaten Fernsehens. Mehr noch: Er spricht vom größten Skandal der deutschen TV-Geschichte und blindem Vertrauen aus Quotengier.

Zu allem Übel wirft ein anonymer ehemaliger *stern TV*-Mitarbeiter der Redaktion »Schlamperei« vor. Wieder eine Sensation. Hat man unseriös gearbeitet und damit Fälschungen begünstigt? Diese zentrale Frage wird erst mit dem Urteil am Ende des Prozesses konkret beantwortet.

Die Absichten des freien Autors Kuhn sind klar: Als Enthüller der Affäre hat er wie kein anderer Interesse daran, dass das Thema weiter die Schlagzeilen bestimmt. Dass er von Born durch Briefe aus der Haftanstalt laufend neue Details erfährt, wissen Jauch und Zaik zu diesem Zeitpunkt nicht. Kuhn greift zu einem im Boulevardjournalismus beliebten Kunstgriff: Er stilisiert die »Affäre Born« zum Skandal um den prominenten Moderator hoch, diskreditiert seine Redaktion und demontiert das Privatfernsehen in puncto Glaubwürdigkeit. Gleichzeitig übt er den Schulterschluss mit seinen Lesern, was wiederum gut für die so genannte Leser-Blatt-Bindung ist und den Verleger der *AZ* freuen muss. Fest steht: Kuhn wird am Ball bleiben und die Berichterstattung über den Skandal mitbestimmen.

Stern TV konnte wissen, dass das Blatt aus München zu einem der gefährlichsten Mitspieler im eröffneten Schlagabtausch gehört. Denn das Magazin selbst hat ja immerhin die journalistische Tugend, an »Themen dran zu bleiben«, in der Vergangenheit immer wieder für sich beansprucht. Oft genug hatte es in Beiträgen Missstände angeprangert. So 1993, als dem Ex-Bundeswirtschaftsminister Jürgen W. Möllemann nachgewiesen werden konnte, dass er sich auf amtlichem Papier bei deutschen Handelsketten für den Einkaufswagen-Chip eines nahen Verwandten eingesetzt hatte. Kurze Zeit nach der Affäre trat Möllemann von seinem Amt zurück. Ein Paradebeispiel für investigativen Journalismus, wie das Magazin bei jeder sich bietenden Gelegenheit anmerkte. Diesmal war die Situation spiegelverkehrt. *stern TV* fand sich in einer verkehrten Welt. Das Magazin nicht als Enthüller, sondern im Zentrum der Affäre; zu immer neuen Erkenntnissen der recherchierenden Kollegen war Stellung zu nehmen. So vergeht dann nur kurze Zeit, bis *AP* meldet, dass das Ausmaß des Skandals um gefälschte Fernsehberichte größer als bislang bekannt sei. Die Gesamtzahl der Fälle wäre noch nicht zu übersehen. Jauch verneint nach wie vor eine persönliche Schuld. *stern TV* stehe für seriösen Journalismus. Zum ersten Mal bezeichnet damit eine Agentur die Affäre als ›Skandal‹ – eine Wortwahl, die sich von fortan in der Berichterstattung durchsetzt. An dieser Entwicklung kann der Moderator nichts mehr ändern, auch wenn er alles daransetzt, seine Sichtweise der Dinge darzustellen. In erster Linie in Gesprächen mit Nachrichtenagenturen.

Dies hat folgenden Hintergrund: Tageszeitungen beziehen eine Vielzahl ihrer Meldungen aus Kostengründen über den Ticker von Agenturen wie *AP*, *dpa* oder *AFP*. Redakteure in den Verlagshäusern redigieren sie und heben sie meist ohne eigene Gegenrecherche ins Blatt. Jauch kann seine Statements auf diesem Weg sehr komfortabel bundesweit verbreiten. Beispielsweise in einem Interview mit dem deutschen Dienst der französischen Agentur *AFP*:

> *(...) Ein derartiger Betrug am Publikum lasse sich nie zu 100 Prozent verhindern, meint Günther Jauch. Den Moderator des vermutlich Hauptgeschädigten stern TV ärgert, dass Michael B. durch die Kontrollmechanismen seiner Redaktion schlüpfen konnte. (...) Man könne permanent einen Aufpasser zu den Dreharbeiten mitschicken. Aber selbst das würde nicht verhindern, dass ein angeworbener Darsteller über die Lichtung läuft, sagt Jauch resigniert. (...)*

Leider fragte der Redakteur nicht nach, auf welchen Beitrag beziehungsweise auf welchen »Darsteller« Jauch mit seiner letzten Äußerung präzise anspielte.

Samstag, 20. Januar 1996

Die Meldung macht die Runde durch die Samstagsausgaben der Tageszeitungen. Eines der größten deutschen überregionalen Blätter, die *Süddeutsche Zeitung (SZ)*, hat mit der Führungscrew ein längeres Gespräch geführt und eröffnet das Thema.

Nicht ohne Zynismus gegenüber dem Konkurrenzmedium Fernsehen verweist Redakteur Michael Bitala auf den Schaden für die Glaubwürdigkeit des Journalismus durch die Vorfälle und stellt die Schuldfrage:

(...) Günther Jauch zeigt sich frei von Schuld. (...) Auch stern TV-Chefredakteur Andreas Zaik kann kein Eigenverschulden erkennen. Born sei jahrelang ein verlässlicher Mitarbeiter gewesen, bis er begann »uns mit krimineller Energie« zu betrügen. (...)

Jauch und Zaik wissen, dass sie mit meinungsbildenden Blättern wie der *SZ* sprechen müssen, um Einfluss auf die veröffentlichte Meinung zu bekommen. Dummerweise unterläuft Zaik dabei ein Lapsus, indem er auf die nachweislich falschen Recherchen des *ARD*-Magazins *Kontraste* im Fall des ehemaligen Schalke-Managers Rudi Assauer – die Redaktion warf ihm 1994 Anlagebetrug vor – verweist. Damit sollte er sich einen Bärendienst erweisen. Denn anstatt bei der Schuldfrage einzuräumen, dass *stern TV* in Sachen journalistischer Sorgfaltspflicht nicht gerade durch eine Meisterleistung glänzte, lässt sich der Chefredakteur zu dem Hinweis auf die Konkurrenz hinreißen. Ein Fauxpas, der die Volksweisheit bestätigt: Wer Kollegenschelte austeilt, muss damit rechnen, von den Kritisierten selbst Schelte zu bekommen.

Und was passierte in München? Autor Kuhn verkauft seinen bereits in der *AZ* erschienen Artikel an das *Hamburger Abendblatt*. Ein üblicher Vorgang in der Branche, durch den sich freie Mitarbeiter, die zu dieser Zeit für eine solche Zweitverwertung rund 127 Pfennig (etwas mehr als 60 Cent) pro veröffentlichter Zeile erhalten, ein Zubrot verdienen. Dieses druckt das vor Polemik strotzende Machwerk unverändert.

Ein Rückschlag für das Führungsduo von *stern TV*, den Skandal durch Teileingeständnisse, Verweise auf andere Betroffene beziehungsweise die hohe kriminelle Energie des Täters in immer neuen Varianten in Grenzen zu halten. Aber unter Gesichtspunkten der Konzernzugehörigkeit nachvollziehbar. Denn das *Hamburger Abendblatt* ist eine Tageszeitung aus dem *Axel Springer Verlag*. Kein Wunder, dass die Redaktion die Chance ergreift, um negativ über die Konkurrenz aus dem feindlichen Verlagslager *Gruner + Jahr (G+J)* zu berichten – das Mutterhaus von *stern TV* und Ableger des Bielefelder Medienmultis *Bertelsmann AG*.

An diesem Wochenende geht die Diskussion in den Medien erst richtig los. Die Standesorganisationen melden sich zu Wort: Der Vorsitzende des *Deutschen Journalistenverbands (DJV)*, Hermann Meyn, erklärt, die Sender treffe erhebliche Mitschuld an den Betrugsfällen, und macht den Konkurrenzdruck um spektakuläre Themen für den Vorfall verantwortlich.

Eine neue Facette im Wettlauf um Schlagzeilen. Der Hinweis kommt einer Einladung an alle deutschen Medien gleich, anhand des prominenten Falls öffentlich über den Zustand des Fernsehens zu diskutieren. Ein Beispiel dafür, wie sich Dritte in den Skandal einbringen, um ihre eigenen Interessen und Positionen publik zu machen.

Zurück zu *stern TV*. Hier werden erste Maßnahmen getroffen, um den Informationsfluss sicherzustellen. Jauch, der zwischen der Kölner Redaktion, seinem damaligen Wohnort in München und der Redaktion des *Aktuellen Sportstudios* in Mainz pendelt, wird permanent über den Stand der Entwicklungen informiert. Die Redaktion, die an den Nachrichtenticker der *dpa* angeschlossen ist, leitet sämtliche Meldungen an ihn weiter.

Außerdem steht das Magazin auf dem Verteiler des Pressespiegels von *RTL Television*, einer täglichen Übersicht der Beiträge in Tages- und Wochenzeitungen, die über den Sender und dessen Programm berichten. Nach Auswertung der Artikel kann einerseits der aktuelle Status in der Berichterstattung festgestellt, andererseits auch abgeschätzt werden, auf welche Weise sich einzelne Medien in die Stimmungsmache einbringen könnten. Mittlerweile dürften die Telefondrähte zu *G+J* heiß gelaufen sein. Dreizehn Jahre nach den Enthüllungen um die angeblichen »Hitler-Tagebücher« im Magazin *Stern* steht der TV-Ableger wegen vergleichbarer Vorwürfe im Rampenlicht.

Wieso *G+J* die Gelegenheit verstreichen lässt, einen Krisenstab zu bilden, der sich um die Beilegung des Skandals in der Öffentlichkeit kümmert, ist nicht zu rekonstruieren. Aus Kommunikationssicht ein Kardinalfehler, der vielleicht einem mittelständischen Unternehmen, aber keinem Medienkonzern unterlaufen darf.

Warum wäre das hilfreich gewesen? Ein Team im Hintergrund hätte Interviewanfragen koordinieren, Fragen und Antwortkataloge für die Argumentation entwerfen und die Führungscrew auf diese Weise beim Management der beginnenden Krise entlasten können.

Irgendwann an diesem Januarwochenende wird dann der Entschluss gefasst, die Vorgänge zum Gegenstand der nächsten Sendung zu machen. Ein auf den ersten Blick einleuchtender Schritt: Warum nicht das eigene Medium nutzen, um Vorwürfe zu entkräften und sich ein wenig aus der Schusslinie zu nehmen?

Feuer an der Medienfront, 22. Januar bis 23. Januar 1996

Montag, 22. Januar 1996

An der Medienfront geraten in der Zwischenzeit immer mehr Baustellen in Brand. Zum Wochenstart steht der Standpunkt des *DJV* im Rampenlicht. Die *Hamburger Morgenpost* meldet, dass aus dem Konkurrenzkampf der Privatsender um spektakuläre Themen »die Neigung entstünde, Dinge, die andere wegschnappen könnten, schneller zu bringen«. Bei *ARD* und *ZDF* sei die Gefahr, auf gefälschte Bilder hereinzufallen, weniger groß.

Der *Focus* aus dem Münchner Burda Verlag titelt:

> *(...) Falsches Fernsehen – Programmmacher fürchten weitere elektronische Enten. (...)*

Nach dem DJV meldet sich der Deutsche Presserat mit einem Ratschlag an die TV-Kollegen zu Wort und bietet an, den Pressekodex – so etwas wie der moralische Leitfaden für Journalisten – auf das Fernsehen zu übertragen. Beide Institutionen verteilen gleichzeitig die Positionen: hier die Öffentlich-Rechtlichen als Gralshüter des journalistischen Ethos und da die Privaten, die dabei sind, eben dieses aus Kommerzgründen über Bord zu werfen.

Wie wenig objektiv diese Aufteilung ist, zeigt die Tatsache, dass die öffentlich-rechtlichen Stationen hinter den Kulissen nicht minder am Kampf um spektakuläre Themen beteiligt sind: Ihre vom Vorbild der privaten Boulevardmagazine wie *Explosiv* abgekupferten Formate wie *Brisant* brauchen ebenso wie diese täglich neues »Sensationsfutter«. Unfreiwillig gibt *stern TV*-Chef Zaik dann jedoch der These Auftrieb, dass private Magazine spektakuläre Themen doch eher ohne intensive Überprüfungen ins Programm nehmen. Er lässt sich auf ein Interview mit dem Magazin *Spiegel* ein, wohl wissend, dass auch dessen TV-Ableger von Born hereingelegt wurde. Er hätte davon ausgehen müssen, dass *Spiegel*-Chef Stefan Aust, selbst jahrelang Moderator von *Spiegel TV,* sein Blatt dazu einsetzen würde, sich günstig für den Schlagabtausch unter den von Borns Fälschungen betroffenen TV-Magazinen aufzustellen. Dennoch lässt er sich aufs Glatteis führen.

Der *Spiegel* erwähnt eine Zusammenarbeit mit Born in den Jahren 1991/1992, um klarzustellen, dass diese über zwei Zulieferungen nicht hinausging. Denn der TV-Autor habe zu undurchsichtig gewirkt, ebenso wie seine Rechnungsadresse Imam Ali Street, Bekaa/Libanon. Dann greift er das Thema Sorgfaltspflicht auf, um offen gegen die Konkurrenz zu schießen. So lässt sich der *stern TV*-Chef zu einem Zitat hinreißen, auf das man später noch öfter treffen wird und welches eine ziemliche Portion berufliche Naivität andeutet:

> *(...) So recht weiß der Stern TV-Mann nicht, wie er Born hätte entlarven können. Er wollte sich die Personalien des Katzenmörders geben lassen, was ihm der Filmemacher unter Berufung auf den Informantenschutz jedoch abschlug. Zaik: »Irgendwann gucke ich dem in die treuen blauen Augen und muss entscheiden, ob ich ihm glaube oder nicht.« (...)*

In der Kölner Redaktion, genauso wie in jener des Hamburger Magazins *Stern,* ist der Artikel Thema Nummer eins und Auslöser für ein und dieselbe Frage: Wie kann einem erfahrenen Medienprofi, der etliche Male selbst bewiesen hat, Interviewpartner zu prekären Statements aus der Reserve zu locken, eine solche Fehlleistung unterlaufen? Es braucht nicht die fachliche Expertise eines Psychologen, um zu vermuten, dass man in Köln angesichts der Schmach auf Genugtuung sinnt. Es kann als sicher gelten, dass zu diesem Zeitpunkt längst Gespräche zwischen *Spiegel* und *Stern* auf Chefredakteurs- oder Verlagsleiterebene stattgefunden haben. Das Ziel: ausschließen, dass der Skandal zu »Kannibalismus« unter den eigenen Magazinen führt. Der Grund: Der *G+J*-Konzern als Herausgeber des *Stern* lässt *stern TV* zu dieser Zeit durch seine 100-prozentige Tochter, die *G+J-TV Produktions GmbH,* produzieren und ist mit 25 Prozent am *Spiegel*-Verlag beteiligt, der wiederum *Spiegel TV* kontrolliert. Ein Stillhalteabkommen zwischen den Verantwortlichen in den Häusern scheint dabei nicht erzielt worden zu sein – wie sich wenig später auf spektakuläre Weise zeigen wird. Übrigens zögert der *Stern* mit dem Schritt, seinen TV-Ableger durch einen Bericht im eigenen Heft aus der Schusslinie zu nehmen. Mehr noch: Später wird *Stern*-Chef Werner Funk klar die Unabhängigkeit der beiden Redaktionen betonen.

Daher wird es zunehmend brenzlig. *AZ*-Autor Kuhn erfährt erneut brisante Details über die Hintergründe der Born-Fakes. Seine Meldung, dass *stern TV* vom Moderator des *ARD*-Magazins *ZAK*, Friedrich Küppersbusch, bereits 1991 gewarnt worden sei, gibt Gerüchten um mangelnde Sorgfaltspflicht weitere Nahrung.

Die Redaktion dementiert umgehend. Nach den Veröffentlichungen der letzten Tage muss allerdings klar gewesen sein: Oliver Kuhn wird nicht Abstand von seiner Polemik nehmen. Kuhn hat das, wovon jeder Journalist in seinem Berufsleben einmal träumt: seinen *Scoop*, seine Enthüllungsgeschichte. Und die wird er sich nicht so leicht abspenstig machen lassen.

Dienstag, 23. Januar 1996

Kuhn betreibt konsequent Stimmung gegen die *stern TV*-Redaktion, drängt sie in die Defensive und schürt den »TV-Krieg«, in dem sich die TV-Macher die Schuld gegenseitig in die Schuhe schieben:

> *(...) Insgesamt 20 Beiträge hat (...) Born an stern TV verkauft. »Fünf davon waren gefälscht«, so Jauch. (...) »Nahezu alle Sender wurden reingelegt - kein Grund, dass es wegen Born zu einer internen Schlammschlacht kommt.« (...) Sein Anwalt Norman Jacob sieht ihn mehr als Opfer: »Die Redaktionen setzten Born durch ihre extremen Vorgaben unter Druck«, so Jacob heute in »Frontal« (ZDF, 21 Uhr).*

Der Artikel beseitigt letzte Zweifel: Kuhn wird um jeden Preis seinen Teil dazu beizutragen, dass die bisher von Jauch nur befürchtete »Schlammschlacht« unter den TV-Magazin-Machern zur Realität wird. Umso erstaunlicher, dass *stern TV* eine nichtzutreffende Tatsachenbehauptung zu entgehen scheint: Denn die ins Spiel gebrachte Anzahl der Beiträge, welche die Redaktion von Born gekauft haben soll, ist reine Spekulation.

Damit wird eine Chance vergeben, Kuhn nötigenfalls auf rechtlichem Weg per Gegendarstellung, in der die Anzahl der Beiträge hätte richtiggestellt werden können, die Grenzen seiner tendenziösen Berichterstattung aufzuzeigen. Darüber hinaus hätte auch dem bei einem solchen Vorgang immer involvierten Chefredakteur, also Kuhns Vorgesetztem, mit Vehemenz zu verstehen gegeben werden können, doch bitte bei den Tatsachen zu bleiben.

Aber die Situation bleibt ungenutzt, wohl auch deswegen, weil der Sendehinweis auf das Konkurrenzmagazin *Frontal* alarmiert. Die *ZDF*-Redaktion hat mit Borns Verteidiger ein Interview geführt, in dem der sich *stern TV* offenbar auf unangenehmste Weise vorknöpft.

Parallel schießt sich die Presse weiter auf das Magazin ein. Es wird neben Born zum Mitangeklagten und gleichzeitig in die Diskussion um das durch die eigene Pressemeldung ins Spiel gebrachte Thema »Glaubwürdigkeit des TV-Journalismus« hineingezogen.

Die *dpa* lässt mit einer Agenturmeldung wissen, dass Vertreter privater Fernsehsender der Auffassung seien, eine hundertprozentige Kontrolle des Wahrheitsgehalts von Reportagen wäre unmöglich. Die Chefredakteure von *ARD* und *ZDF* sehen das anders und stellen eine Verbindung zwischen der Kommerzialisierung und der Qualität der Beiträge her:

> *»Je schriller Filme, desto höher ist die Wahrscheinlichkeit, dass sie auch gesendet werden«, sagt ARD-Chef Ulrich Deppendorf. Sein Kollege vom ZDF, Klaus Bresser, beteuert, »Fernsehen ist einmal das vertrauenswürdigste Medium gewesen, der Vorsprung ist geschmolzen.«*

An dieser Stelle rächte sich, dass *stern TV* zwar in einer Pressemeldung den »Schaden für die Glaubwürdigkeit des TV-Journalismus« durch den Fall Born beklagte, aber parallel nichts unternahm, um das Thema inhaltlich in der Hand zu behalten. Es mag fast unbeholfen wirken, mit welchen Argumenten Zaik in der weiteren Meldung Verbesserungen hinsichtlich journalistischer Sorgfalt in Aussicht stellte:

> *(...) »Wir werden in Zukunft ein zweites, ein drittes und ein viertes Mal auf die uns angebotenen Geschichten schauen«, verspricht stern TV-Redaktionsleiter Andreas Zaik, der gleich in mehreren Fällen (...) geleimt worden ist. (...)*

Und mit welcher Verve er sich gleichzeitig vor dem Eindruck der Leichtfertigkeit zu verwahren scheint:

> *(...) Zaik (...) gesteht, dass für stern TV die Affäre kein »Ruhmesblatt« sei, aber er warnt jeden, »der nun ein rundfunkpolitisches Süppchen« daraus kochen möchte. »Wir verwahren uns gegen den Eindruck der Leichtfertigkeit«. (...)*

In einigen Tagen werden hierzu die Landesmedienanstalten auf den Plan treten, die sich über einen Teil der Rundfunkgebühren finanzieren und deren Aufgabe die Beaufsichtigung des privaten Rundfunks ist. Norbert Schneider, der Direktor der damaligen nordrhein-westfälischen *Landesanstalt für Rundfunk (LfR)* – heute *Landesanstalt für Medien Nordrhein-Westfalen* –, wird feststellen, dass die Verletzung journalistischer Sorgfaltspflichten Auswirkungen auf die Lizenz eines Fernsehveranstalters haben kann. Denn die im Rundfunkstaatsvertrag aufgeführten verbindlichen Programmgrundsätze seien nicht Vorschläge, sondern geltendes Recht.

Unterdessen gewinnt der Skandal immer mehr an Fahrt und beschäftigt mittlerweile alle deutschen Medien: ob TV, Hörfunk oder Presse.

Eröffnung der Schlammschlacht, 24. bis 26. Januar 1996

In der Redaktion von *stern TV* überschlugen sich die Ereignisse. Zwischen Konferenzen und Abnahmen immer wieder Gespräche mit Justiziar Seibert, außerdem die zunehmende Kritik durch die Medien. Dann noch zu allem Überfluss der ausstehende Bericht in *Frontal*. Die Stimmung in Köln war bis zum Bersten gespannt.

Die mitten in Sendevorbereitungen steckende Crew sehnte den Abend herbei, damit Klarheit bestünde, wie *Frontal* berichtet. Um 21.00 Uhr versammeln sich daher um Moderator und Chefredakteur einige Kollegen vor den Fernsehgeräten. Dann bezichtigt das *Frontal*-Duo Bodo H. Hauser und Ulrich Kienzle vom *ZDF* das Konkurrenzmagazin, in der Vergangenheit aus Quotengier die journalistischen Spielregeln außer Kraft gesetzt zu haben. *Frontal* stellt *stern TV* nicht nur als Hauptbetroffenen mehrerer mutmaßlicher Born-Betrügereien an den Pranger. Die Redaktion von *stern TV* dürfte nach diesem Eklat einmal mehr entsetzt gewesen sein. Einziges Trostpflaster für die verletzte Journalistenseele: Vorbei an den in der Presse gerade noch gelobten redaktionellen Sicherungsmechanismen des öffentlich-rechtlichen Parademagazins unterläuft *Frontal* bei der Abnahme des Beitrags ebenfalls ein Fehler. Denn gezeigt werden Ausschnitte aus dem angeblich gefälschten *stern TV*-Material, in dem ein bärtiger Mann durch das Bild läuft. Dazu heißt es auf der Tonspur: »Das ist Michael Born« – eine Falschinformation. Und ein gefundenes Fressen für den unter Beschuss stehenden Jauch und seine am nächsten Tag folgende Ausgabe.

Mittwoch, 24. Januar 1996

Über die Anzahl der Szenarien für eine möglichst glaubhafte Entschuldigung, die bis zum Abend in der Redaktion vorgeschlagen, diskutiert und verworfen wurde, lässt sich nur spekulieren. Irgendwann ist die Entscheidung unter dem Motto »Angriff ist die beste Verteidigung« gefallen. Dies mag aus Kommunikationssicht erstaunen. Denn eigentlich sollte *stern TV* alles daransetzen, dass die Situation nicht weiter eskaliert, um Imageschäden oder weiteren Vertrauensverlust beim Zuschauer abzuwenden. Als Jauch um 22.10 Uhr auf die Bühne tritt, sind die Augen der Fernsehnation auf ihn gerichtet.

Mit wenigen Worten leistet der Moderator persönlich und für die Sendung vor einem Millionenpublikum Abbitte: Er stelle sich der Verantwortung und bittet um Verständnis. Der kriminellen Energie eines betrügerischen Reportagelieferanten seien Redaktionen geradezu schutzlos ausgeliefert. Die Machenschaften hätten großen Schaden für die Glaubwürdigkeit des Fernsehens angerichtet.

Soweit die Entschuldigung, die nicht einen Millimeter über die bisherige Argumentationslinie hinausgeht. Es folgte eine weitere Rechtfertigung in Form eines Beitrags.

Per Senderlogo stellt *stern TV* zunächst öffentlich-rechtliche wie private TV-Sender als Born-Kunden vor. Darunter auch *Spiegel TV*, dem ausführlich Fehler nachgewiesen werden. Wie etwa in der Reportage über eine angeblich gestohlene Urne mit der Asche des verstorbenen Neonazis Michael Kühnen. Borns Aufnahmen sind darin mit »Fälschung« insertiert, die authentischen Bilder mit dem Schriftzug »internationale Archivbilder« versehen. Born habe einem *Spiegel TV*-Mitarbeiter diese sensationelle Geschichte besorgt, heißt es auf der Tonspur. Ein Schwindel, auf den *Spiegel TV* hereingefallen sei.

Oder *Frontal*: Jauch lässt es sich nicht nehmen, den Kollegen, die am Tag zuvor über die Versäumnisse von *stern TV* berichtet hatten, ihrerseits den erwähnten Fehler in ihrem Film nachzuweisen. »Die haben sich geirrt«, sagt er in der Sendung, »der Mann ist ein ehemaliger Mitarbeiter.« Eine folgenschwere Äußerung. Denn damit rückt eine bis dahin zwar den ermittelnden Behörden, aber nicht den Medien bekannte Tatsache in den Vordergrund: die Mitarbeit eines Redakteurs von *stern TV* an einer Reportage des TV-Fälschers. Nichts anderes als eine Steilvorlage, auf die gewiefte Boulevardjournalisten warten – unter ihnen Autor Kuhn in München bei der *AZ*.

Freitag, 26. Januar 1996

Zurück zu der Entschuldigung. In den Redaktionen der Tages- und Wochenzeitungen löst Jauchs nicht eben subtil betriebene Kollegenschelte Unverständnis aus. Michael Hanfeld von der *Frankfurter Allgemeinen Zeitung (FAZ)* reagiert mit gespitztem Griffel:

> *(...) Mit Siebenmeilenstiefel-Schritt trat Günther Jauch (...) aus der Kulisse, (...) gestand, dass sein Magazin mehrfach auf einen Fälscher hereingefallen sei. (...) Angriff würde er für die beste Verteidigung halten, so viel war zu erwarten. Dass Steine aus dem Glashaus zu werfen seine ganze Strategie sein würde, allerdings nicht. (...)*

Jetzt rächt sich, dass sich sein Kommentar als Hauptbetroffener darin erschöpfte aufzuzeigen, wie andere dem Schwindel-Journalisten gleichfalls auf den Leim gingen. Immer mehr Blätter wollen genauer wissen, wie das Magazin die Beiträge freier Mitarbeiter nachrecherchiert, stellen kritische Fragen nach dem Redaktionsalltag beziehungsweise den internen Sicherungsmechanismen.

Der *Rheinische Merkur* fragt:

> *(...) »hat sich das Medium selbst eine Falle gestellt in seiner unersättlichen Gier nach sensationellem Material oder deckten sich möglicherweise die gefälschten Inhalte mit der Auffassung der Journalisten?« (...)*

Das *Hamburger Abendblatt* hält fest, dass Jauch den Knackpunkt »listig übergangen« habe.

> *(...) »Die Gier, vor allem der Kommerzmagazine, auf quotensteigernde Storys und heiße Bilder schaffe erst die Voraussetzung für den Betrug, der dem Medium insgesamt schadet.« (...)*

Der *Kölner Stadtanzeiger* schreibt, dass Jauch »Krokodilstränen vergoss«, als er den großen Schaden beklagte, der der Glaubwürdigkeit des Fernsehens zugefügt worden sei.

Der Ton in den Artikeln zeigt: Unter dem Strich hat das Magazin in kürzester Zeit in der Branche den Kredit verspielt, den es in langen Jahren zuvor aufgebaut hatte. Und nüchtern betrachtet: Warum erhebt die scharf angegriffene Redaktion mit Vehemenz Vorwürfe gegen andere TV-Redaktionen, anstatt eigene Fehler einzuräumen oder Betroffenheit gegenüber dem Publikum zu demonstrieren?

Sicherlich haben einzelne Berichte wie im *Spiegel*, in denen *stern TV* nicht eben einen guten Eindruck machte, dazu beigetragen, dass sich die Stimmung emotional aufheizen konnte.

Hinzu kommt, dass die Kölner Redaktion von *Frontal* der gesamten Mediennation als unseriös vorgeführt wurde. In diesem Spannungsfeld scheinen schließlich die Außen- und Innensicht bei *stern TV* immer stärker auseinanderzudriften – mit dem bekannten Ergebnis. Unter dem Strich wurde die Möglichkeit vergeben, Polemik aus dem Skandal zu nehmen. *stern TV* sollte von nun an nicht mehr aus der Schusslinie kommen.

Hetzjagd der Medien, 27. Januar bis 30. Januar 1996

Samstag, 27. Januar 1996

In einem ausführlichen Interview, das die *SZ* im Anschluss an die verpatzte Sendung führt, wird Jauchs Verunsicherung nach der ersten Welle der medialen Entrüstung deutlich. Er steckt mitten in einem zweiten, diesmal gemeinsam mit seinem Chefredakteur verschuldeten Skandal.

> *(...) Die Stimme des routinierten Moderators bebt, überschlägt sich, atemlos schreit Günther Jauch ins Telefon: (...) »Das ist ein Vernichtungskampf.« Es geht um seinen Ruf als seriöser Moderator, um stern TV, um elf mutmaßlich gefälschte Beiträge des Journalisten Michael Born, die das Fernsehmagazin gekauft hat. (...)*

Doch als ob die Situation nicht schon verfahren genug wäre, setzt Jauch in seiner Erregung eine weitere Spitze gegen Kollegen in anderen Magazinen:

> *(...) »Die Konkurrenz will uns fertig machen (...)«, sagt Jauch. Er hat sich etwa damit entschuldigt, Born habe eidesstattliche Versicherungen unterschrieben, seine Filme seien korrekt. (...) Magazin-Macher von Frontal (ZDF) und Spiegel TV sagen, dass es »völlig unüblich sei, solche Erklärungen von TV-Produzenten zu verlangen.« (...) »Jeder versucht gerade,*

seinen dreckigen Kaugummi ans Jacket des anderen zu kleben«, sagt Günther Jauch. (...)

Die Einsicht kommt zu spät. Übersieht er vielleicht, durch seine Kollegenschelte selbst einen Prozess in Gang gesetzt zu haben, der dazu führen musste, dass sich andere Medien umso aggressiver den Hauptbetroffenen vornehmen würden? Der *SZ* ist der Hinweis auf den Fehler in der *Frontal*-Sendung ebenfalls nicht entgangen:

> *(...) Ein fataler Schlussgag, denn nun besteht der Verdacht, dass auch ein Redakteur von stern TV in die Machenschaften eingeweiht war. (...) ZDF-Moderator Bodo Hauser: »Wenn das aber ein (...) Redakteur von stern TV ist und der bei Dreharbeiten von Born dabei war, dann muss er doch von dessen Machenschaften gewusst haben.« (...) Weder (...) Andreas Zaik, noch (...) Günther Jauch wussten bis zu diesem Gespräch, dass ein Verdacht gegen den früheren Mitarbeiter besteht. (...)*

Ein erster Hinweis darauf, dass die Dramatik des Skandals die zeitlichen Kapazitäten Jauchs und Zaiks zu sprengen beginnt. Ihnen scheint der Draht zum aktuellen Stand der Ermittlungen verloren zu gehen – sie werden zum Opfer ihrer eigenen Aktualität. Weiter:

> *(...) Was ist, wenn der Verdacht sich bestätigt? »Das kann nicht sein, aber das wäre für stern TV katastrophal.« (...)*

Jemand, der seiner Redaktion volles Vertrauen entgegenbringt, muss eine solche Frage kategorisch verneinen. Aber Jauch kann nicht völlig ausschließen, dass es zu Unregelmäßigkeiten gekommen sein könnte. Dies erklärt, warum er während des gesamten Skandals immer betont, er persönlich habe zu keinem Zeitpunkt von Fälschungen gewusst oder daran mitgearbeitet. Ein Kommunikations-GAU. Die *SZ* gilt als eines der renommiertesten Blätter. Sie ist Pflichtlektüre für andere Redakteure, die nicht selten *SZ*-Meldungen umschreiben, um sie dann selber zu verwerten. Auf diese Weise setzt die Zeitung aus München Themen für andere Medien.

Wenn die *SZ* also eine solche Frage aufwirft, nehmen nicht nur alle deutschen Tagezeitungen davon Notiz, sondern dies zum Anlass, diese ebenfalls zu stellen. Darunter die *Spiegel*-Redaktion von Stefan Aust:

(...) Es geht um einen Film eines Münchner Produzenten, der (...) in den Sendungen Indiskret (MDR), hautnah (Pro 7) und auch stern TV im Sommer 96 ausgestrahlt worden ist. (...) Der Reiseveranstalter Jürgen Matthes hat gegen die Ausstrahlung eine einstweilige Verfügung erwirkt, (...) die die Korrektheit des Berichts in Zweifel zieht. (...) »Das wird noch eine blutige Schlacht, öffentlich ausgetragen und zum Schaden aller«, sagt Jauch.

Er wird in jeder Hinsicht Recht behalten. Zunächst ist Borns ominöser V-Mann in der Redaktion des Magazins, der ohne die Attacke des Moderators gegen die *Frontal*-Kollegen nie entdeckt worden wäre, für die *AZ* der Anlass für einen weiteren Seitenhieb:

(...) Jauch (...) teilte Spitzen an die Kollegen von frontal (...) aus. Da stutzte Oberstaatsanwalt Weise, der in dem TV-Skandal ermittelt. (...) Jauchs Entgleisung könnte auch Folgen für ihn selbst haben. Beim ZDF überlegt man, den Sport-Studio-Moderator rauszuschmeißen. (...)

Für den Wechselgänger zwischen öffentlich-rechtlichen und privaten Sendeanstalten gerät erstmals die Karriere ins Wanken. Zur Erinnerung: Jauch moderiert zu dieser Zeit neben *stern TV* die *Champions League* bei *RTL* und alle fünf Wochen das *Aktuelle Sportstudio* beim *ZDF*. Zudem ist er als Kommentator für die 26. Olympischen Sommerspiele in Atlanta bereits fest gebucht. Spätestens jetzt droht der Skandal zum beruflichen Fiasko zu werden. Der journalistische Feldzug gegen Jauch und die Vorwürfe, die sich Fernsehmagazine in der Fälschungsdebatte gegenseitig machen, gewinnen an Fahrt. Daran ändert der Appell des LfR-Direktors Norbert Schneider nichts mehr, eigenes Fehlverhalten solle nicht mit jenem anderer aufgewogen werden.

Sonntag, 28. Januar 1996

Jauch gerät in zwei fast zeitgleichen TV-Sendungen dann zwischen alle Fronten: In *Spiegel TV* um 22.10 Uhr auf *RTL* befasst sich Aust, nach längerer Abwesenheit eigens hierfür auf den Bildschirm zurückkehrt, mit Jauch persönlich: wegen des Falschhinweises auf einen getürkten Born-Beitrag in *Spiegel TV* über den angeblichen Diebstahl der Urne mit der Asche des Neonazi-Führers Michael Kühnen:

(...) Vergangene Woche versuchte sich Günther Jauch auf Kosten der Konkurrenz von der Misere zu befreien. Er vergaß zu erwähnen, dass wir die Aussagen der angeblichen Urnenklauer eben nicht für bare Münze genommen hatten. (...)

Und tatsächlich: *Spiegel TV* hatte die Behauptungen der vermummten Autonomen nicht kritiklos hingenommen, sondern Zweifel geäußert. Jauch liefert ungewollt eine neue Vorlage, auf die Aust nur allzu gerne reagiert. Es ist einmal mehr erstaunlich, wie leichtfertig Jauch mit verifizierbaren Informationen umzugehen scheint:

(...) Das arme Fälschungsopfer war auch Täter. Jauch und seine Leute haben sich den Beitrag zurechtgeschnitten. (...) Szenen aus dem Zusammenhang reißen, übertexten, weglassen, was nicht ins Konzept passt – auch das ist Fälschung, lieber Günther Kujauch! (...)

Von der Wortakrobatik auf dem Konkurrenzkanal – Aust spielt mit »Kujauch« auf die Hitler-Tagebücher des *Stern*-Fälschers Konrad Kujau an – bekommt der nichts mit. Er sitzt um diese Zeit in einem Berliner Hotel unter anderem neben *Monitor*-Chef Klaus Bednarz und Medienkritiker Dietrich Lederer als Gast in Erich Böhmes Sat.1-Sendung *Talk im Turm*. Thema: Kann man dem Fernsehen noch trauen?

Gut neunzig Minuten später ist sein Live-Auftritt vor 3,72 Millionen Zuschauern, darunter die versammelte deutsche TV-Kritik, zum Fanal geraten. Inmitten zweier TV-Inquisitoren vergibt er seine vielleicht letzte Gelegenheit, mit den weiter um sich greifenden Gerüchten Tabula Rasa zu machen. Es ist sein Geheimnis, warum er Vorwürfe von Bednarz und Böhme nicht lückenlos entkräftet, sondern den Eindruck hinterlässt, unzureichend über bestimmte Themen informiert zu sein. Hinweise auf diese gibt es im Vorfeld zur Genüge.

Jauch, der ja über alle Meldungen auf dem Laufenden ist, weiß, dass ein Itzehoer Reiseveranstalter in diesen Tagen ein Dossier an sämtliche Tageszeitungen verschickt. Darin wirft er *stern TV* vor, in einem Beitrag ein falsches Bild seines Unternehmens gezeichnet zu haben. Er musste damit rechnen, dass dieses Thema eher früher als später virulent werden würde. Von Jauchs Rolle des reuigen Interviewpartners ist sein Konterpart Bednarz wenig beeindruckt, wie die *SZ* am übernächsten Tag dokumentiert:

(...) Er beschuldigte Jauch, auch einen anderen, nachweislich gefälschten Film (Sprachreisen, d. Red.) eines anderen Autoren gesendet zu haben. »Zu diesem Fall gibt es ein rechtskräftiges Urteil.« (...) Doch Bednarz lag falsch. Es gibt kein rechtskräftiges Urteil, das wird erst am 12. Februar in Hamburg verkündet. (...)

Darüber ist Jauch informiert. Mehr noch: Er ist im Besitz einer einstweiligen Verfügung gegen den Film, in der auch der Termin für die Urteilsverkündung genannt wird. So kann er zwar zunächst die Angriffe von Bednarz mit dem Hinweis auf die Vorläufigkeit des Urteils kontern und gewinnt für kurze Zeit Oberwasser. Er lässt sich dann aber mit dem *Monitor*-Chef auf einen formaljuristischen Schlagabtausch ein, der weder Publikum noch Kritiker überzeugt. Mehr noch: Er wird wenige Minuten später durch eine unbedachte Behauptung die ohnehin bereits angespannte Gesprächsatmosphäre weiter aufladen.

Daneben schwelt eine andere Brandstelle in der Öffentlichkeit: Das ARD-Satiremagazin *ZAK* behauptet, *stern TV* vor Längerem auf die dubiosen Praktiken des TV-Fälschers hingewiesen zu haben – auch davon muss Jauch aus der Presse wissen.

Doch er will oder kann dies nicht bestätigen und wird einmal mehr zum Opfer der Medien, deren Federn angespitzt sind.

Dienstag, 30. Januar 1996

Dieser TV-Auftritt ist *Bild* zwei Tage später den Titel »Größter TV-Skandal des Jahres« wert:

(...) Jauch bezieht Prügel von allen Seiten. (...) Erich Böhme moderiert Talk im Turm. (...) Böhme: »Kollege Günther Jauch ist den meisten Fälschungen aufgesessen. (...) Ist bei Monitor noch nie was passiert?« Bednarz: (...) »Wir haben auch Fehler gemacht. Nur Herr Jauch, Sie haben andere Fälschungen gesendet. (...) Bei diesem Bericht ging es um ein Norddeutsches Reisebüro, das Sprachreisen nach England vermittelt, und Ihr Autor wollte nachweisen, dass es in England seiner Aufsichtspflicht nicht nachkommt.« (...)

Zu allem Überfluss lässt sich Deutschlands beliebtester Moderator in seiner schwersten TV-Stunde zu der folgenschweren Falschbehauptung hinreißen:

(...) »Herr Bednarz hat unzählige Gegendarstellungen.« Bednarz: (...) »Ich glaube, ich habe seit vier Jahren keine Gegendarstellung mehr gesendet. Herr Jauch, was behaupten Sie hier? Sie sollten nicht nur in der Sendung nicht mit Fälschungen arbeiten, sondern hier auch nicht. Indem Sie hier Falsches behaupten!« (...)

Danach ist die Stimmung für eine weitere sachliche Diskussion zwischen den beiden Kontrahenten verdorben. Warum der *stern TV*-Moderator Jauch in der emotional aufgeheizten Atmosphäre der Sendung das Thema Gegendarstellungen anspricht, sie sind so etwas wie ein journalistischer Offenbarungseid, bleibt sein Geheimnis. Aber er weiß, dass solche Redaktionsverantwortliche wie kaum anderes in Rage bringen. Autoren, die eine Richtigstellung wegen mangelhafter Recherche zu verantworten haben, müssen dafür mit einem blauen Brief durch die Chefredaktion rechnen. Und nun lässt er sich zu einer Behauptung hinreißen, die so, weil überprüfbar, nicht zutrifft.

Damit bringt er unnötig weitere Polemik in die erregte medial verbreitete Auseinandersetzung. Er scheint sich wie jemand zu verhalten, der alles daransetzt, die Situation zu verschärfen. Nicht wie ein Hauptbetroffener, dessen Ziel es sein sollte, den Skandal so schnell wie möglich aus den Schlagzeilen zu manövrieren. Es ist eisernes Journalistengesetz, dass lauernde Branchenkollegen sich solche Fehltritte nicht entgehen lassen. In Windeseile sticht die *AZ* nach. Autor Kuhn nähert sich dabei gleichzeitig dem Höhepunkt seines Scoops:

(...) Klaus Bednarz hat ihm bei Talk im Turm den Fernseh-Krieg erklärt: Weil er auf »Windhunde« hereinfiel (...), habe er die Glaubwürdigkeit des Fernsehens ruiniert! (...) »Fast drängt sich mir der Verdacht auf, dass man bei stern TV um die Problematik der Born-Berichte gewusst hat.« (...)

Kuhn hat die Sendung am Bildschirm verfolgt und setzt sich am nächsten Tag mit einem vor Wut überschäumenden Bednarz in Verbindung. Der verrät ihm Details, von denen die Zuschauer daheim keine Notiz nehmen konnten. Jetzt gelangen sie an die Öffentlichkeit. Das dabei vermittelte Bild: Jauch, ein Gehetzter der Medien:

> *(...) In der Werbepause stürmte Jauch aus dem Saal ans Telefon, wollte sich offenbar mit seinem Anwalt beraten. Zurück kam er mit einer knallharten Drohung an Klaus Bednarz: »Er sagte zu mir, dass ich mich zurückhalten solle, mich auf dünnem Eis bewegen würde.« Der Beginn einer Schlammschlacht. (...)*

Auch der Berliner *Tagesspiegel* gibt seinen Lesern Eindrücke des in der Mediengeschichte bisher einmaligen Ereignisses, bei dem Böhme seinen »Freund und Kollegen Jauch« schmunzelnd fragte, wie denn das gewesen sei mit diesem Michael Born:

> *(...) Viele wahre (...) Reportagen habe man gesendet, antwortete der stern TV-Mann (dem ein Zucken die ganze Sendung über nicht aus dem Gesicht wollte), und leider ein paar ganz falsche. (...), Bednarz mimte den öffentlich-rechtlichen Saubermann (...). Jauch den reuigen Saubermann, der jetzt alles besser machen will. Was zum Beispiel? Redakteure entlassen, die etwas gewusst haben (...)? »Wer von Fälschungen wusste, kriegt die Kündigung.« (...)*

Er gibt mit dieser Äußerung einmal mehr Gerüchten Auftrieb, dass er nicht wisse, was hinter den Kulissen des Journalistenalltags in seiner Redaktion an der Recherche vorbei alles vor sich geht. Und vielleicht weiß er es wirklich nicht besser: Er verbringt nur wenige Tage dort in Köln, reist in der Regel zum Wochenbeginn an und verlässt die Stadt nach der Sendungskritik am Donnerstagsnachmittag. Mit Ankauf oder Produktion von Beiträgen hat Jauch nichts zu tun, nur bei der Auswahl von Themen und Studiogästen entscheidet er mit. Redaktionsinterna interessieren ihn eher am Rande, über alle ungewöhnlichen Vorkommnisse wird er telefonisch informiert. Eigentlich überlässt er das Geschäft der redaktionellen Routine seinem Chefredakteur. Selbstredend hat die *SZ* den denkwürdigen TV-Auftritt aufgeschnappt. In dem Artikel spielen zwar die Vorwürfe Austs eine Rolle, aber der Autor geht der Aussage Jauchs nach, nie habe jemand in der Branche einen Verdacht gegen Born geäußert:

> *(...) Worauf Erich Böhme erzählte, dass auch das ARD-Magazin ZAK einen mutmaßlich falschen Born-Beitrag ausgestrahlt hat. Danach aber (...)*

habe diese Redaktion nicht mehr mit diesem Journalisten zusammengearbeitet. (...) »Das muss sich doch unter Kollegen herumsprechen«, sagte Böhme. (...)

Weiß Jauch es nicht besser? Ihm muss bekannt sein, dass sein Intimus Andreas Zaik vor seinem Wechsel zu dem Politmagazin mehrere Jahre für die *ZAK*-Redaktion beim WDR in Köln tätig war. Wie schon gefragt: Ist es eher wahrscheinlich oder nicht, dass sich im Zuge einer langjährigen gemeinsamen Tätigkeit freundschaftliche Kontakte zwischen Redakteuren bilden, sogenannte Branchenkontakte? Die auch nach einem Wechsel weiter funktionieren und über die Interna über Redaktionsgrenzen hinweg ausgetauscht werden? Die *SZ* hat zudem ermittelt, dass sich die Situation für den TV-Liebling zuspitzt:

(...) Günther Jauch kommt durch die Born-Affäre in arge Bedrängnis. (...) Am Montag kursierte auch das Gerücht, dass Jauch vom ZDF als Moderator des Aktuellen Sportstudios und der Olympischen Spiele in Atlanta fallen gelassen werden soll. (...)

Das Gerücht wird sich als falsch entpuppen. Für die Olympischen Sommerspiele in Atlanta hält das *ZDF* an der Zusammenarbeit fest. Allerdings haben die Vorfälle das Verhältnis einer extremen Belastungsprobe ausgesetzt. Es ist anzunehmen, dass das *ZDF* in diesen Tagen die Grundsatzentscheidung für die spätere Trennung von Jauch traf, der sich seinerseits immer enger an *RTL Television* band. So viel zu einem in der deutschen TV-Geschichte einmaligen Live-Ereignis unter dem Motto: ein Moderator und sein TV-Magazin bei der Selbstdemontage.

***Quotenkampf*, 31. Januar 1996**

Zur gleichen Zeit unternehmen Medien erste Schritte, um die Hintergründe der TV-Journale zu beleuchten. Ein Thema: der Kampf um Quoten und Werbegelder im Privatfernsehen. Grund: Nirgendwo sonst ist der Wettbewerb unter 15 bundesweit verbreiteten Privatsendern, zwölf öffentlich-rechtlichen Programmen, Spartenkanälen, mehreren Lokalsendern und paneuropäischen Konkurrenten derart hart geworden wie 1996 in Deutschland. Die *dpa* ordnet die Vorfälle in eine deutsche Medienlandschaft ein, die sich grundlegend gewandelt hat:

(...) Seit fünf Jahren versuchen die Privatsender ARD und ZDF in deren angestammter Domäne, der Information, das Fürchten zu lehren. Gelungen ist dies vor allem bei den Magazinsendungen. (...) Nun wird die Konkurrenz auch untereinander immer härter. Im März startet Focus TV gegen die etablierten Wettbewerber. (...)

Verlagsmanager nennen dies: horizontale Erweiterung. Eine in dieser Zeit von vielen Medienkonzernen verfolgte Strategie. Wegen der Erfolge der TV-Ableger von *Spiegel* und *Stern* kommen andere Verlage auf die Idee, ihre publizistischen Aktivitäten zu ergänzen und stellen ihren gedruckten Magazinen TV-Formate an die Seite. Folge: Der Druck nach exklusiven Geschichten nimmt weiter zu. Die *dpa* schließt den Bericht mit dem Zitat eines Produzenten, der erneut ein dunkles Licht auf das Selbstverständnis in der TV-Branche wirft:

(...) »Ich kenne doch die Magazin-Macher, die warten (...) schweißnass auf die neuesten Quoten. Wenn die hoch sind, war die Sendung gut, Qualität interessiert nicht.« Er sprach auch von »viel Druck«, um an harte Szenen heranzukommen. (...) Nun bereiten mehrere Politmagazine neue Enthüllungen über die Praxis der Konkurrenz vor - in der Hoffnung auf eine gute Quote. (...)

Mittwoch, 31. Januar 1996

Unerfreuliche Perspektiven eröffnen sich. Ein nicht kalkulierbares Risiko für alle, die von Born hereingelegt wurden. So sieht es auch *S-Zett,* das TV-Magazin der *Süddeutschen Zeitung*, welches neben *stern TV* und *Spiegel TV* zu den Abnehmern der Born-Werke gehört.

Um sich für mögliche Kontroversen zu wappnen, folgt die *SZ* dem Beispiel des *Spiegel* und informiert die Öffentlichkeit über den Betrugsfall im eigenen TV-Magazin. Dabei weicht die *SZ* zunächst der Polemik um den Sündenbock Jauch aus, gibt ihm sogar Rückendeckung:

(...) Niemand hat ja bisher behauptet, dass Born plumpe Filme abgeliefert hätte; Filme also, die von jedem Sachverständigen leicht als Fälschung erkennbar gewesen wären. (...)

Natürlich geschieht dies nicht aus Selbstlosigkeit oder aus Verständnis für den Moderator, sondern im Gegenteil vielmehr, um sich selbst eine glaubwürdige Argumentationsbasis zu verschaffen. Hintergrund für das Manöver ist die »Born-Leiche im eigenen Keller«:

> *(...) Der Film (...), der angebliche PKK-Terroristen beim Bau von Bomben zeigte, lief im Sommer 1994 erst in S-Zett, dem Fernsehmagazin der Süddeutschen Zeitung auf Vox, und dann bei stern TV. Selbst Türkei-Experten der SZ-Redaktion, die damals von S-Zett konsultiert wurden, hatten in dem Material keine Anhaltspunkte für Fälschung erkennen können. (...)*

In wenigen Zeilen spricht die *SZ* die Fehlleistung an, vertuscht nicht, sondern erläutert glaubwürdig. Unter dem Strich erübrigen sich in der Sache weitere Pressenachfragen. Der Artikel bleibt ohne Resonanz bei Kollegen. Sicherlich profitiert die *SZ* dabei von ihrer hohen journalistischen Glaubwürdigkeit und der Dramatik der aktuellen Situation, in der sich alle Medien auf den TV-Star einschießen:

> *(...) Steht (...) Jauch zu Unrecht im Zentrum der Diskussion? Einerseits ja: Er muss den Sündenbock abgeben, hinter dem sich andere Böcke Deckung suchen. Andererseits nein: Wer sich in den Quotenkampf des Fernsehens begibt, der weiß, worauf er sich einlässt. (...)*

Übrigens ist bis zu diesem Zeitpunkt über diesen Fake kaum etwas an die Öffentlichkeit gelangt. Und tatsächlich: Der PKK-Beitrag gehört zu jenen Produkten, in denen es Michael Born auf das Vortrefflichste verstanden hatte, Fakten mit Phantasie zu verbinden. Authentischer Aufhänger ist eine Attentatsserie. Er kombinierte sie mit nachgestellten Bildern von Terroristen beim Bombenbau. So verschafft er der Story Exklusivität und damit eines der nötigen Verkaufsargumente – inklusive dramatischer Bilder.

Zum konkreten Hintergrund: Anhänger der PKK verübten im Frühjahr 1994 in mehreren Touristenzentren an der türkischen Küste Bombenattentate. Bei einem Anschlag in Fethiye am 22. Juni wurden zehn Menschen verletzt, darunter zwei Deutsche. Diese Bombenserie ist Borns Ausgangspunkt – den Rest türkt der TV-Kujau, wie zu sehen sein wird.

Dass diese »Brillanz« nicht in jedem der ihm vorgeworfenen Fälschungen anzutreffen ist, sondern eher die Ausnahme darstellt, zeigt der spätere

Prozess. Jauch, der übrigens gerade vom Yellow-Blatt *Sieben Tage* zum »Absteiger der Woche« gekürt wird, erhält schließlich Schützenhilfe in der *Berliner Zeitung (BZ)* – ein Blatt aus dem *G+J*-Konzern:

> *(...) BZ: stern TV ist in mindestens sechs Fällen betrogen worden. (...) In anderen Berichten stehen elf, nicht sechs Berichte. Woher kommt die Differenz? GJ: Die Zahlendifferenz kommt daher, dass bei uns in bislang elf Fällen ermittelt wird. In sechs Fällen ist die Fälschung erwiesen. BZ: Welche Konsequenzen ziehen Sie aus dem Vorgang? GJ: (...) Wir werden zusätzlich Leute einstellen, die noch stärker jeden Beitrag, der von außen kommt, begleiten. BZ: Fühlen Sie sich ungerecht behandelt? GJ: Mir fällt auf, dass wir zur Aufklärung mit Abstand am meisten beitragen. (...)*

Es hätte an dieser Stelle interessiert, was er damit eigentlich meint: Etwa, dass *stern TV* eine Strafanzeige gestellt hat und andere nicht? Denn es ist bislang völlig unklar, auf welche Weise das Magazin die Ermittlungen unterstützt. Mehr noch: Jauch scheint konkreten Aussagen zu bestimmten Vorwürfen eher auszuweichen, als sie aus der Welt zu räumen.

Mit keinem Wort geht er auf den in der Öffentlichkeit schwelenden Beitrag über den Sprachreisenveranstalter aus Itzehoe ein, um seine Redaktion aus der Kritik zu nehmen. Zwar erläutert er erstmals, wie die redaktionellen Sicherungssysteme – eine Vokabel, die er bis dato eher als Worthülse gebraucht hatte – weniger anfällig gegen Betrug gemacht werden sollen. Aber die Andeutungen, mehr Personal einzustellen beziehungsweise den Anteil an Eigenproduktionen zu erhöhen, können nicht ändern, dass sich allgemein der Eindruck verfestigt, *stern TV* wolle sich nicht allzu tief in die Karten schauen lassen. Das Interview darf als Pflichtübung gegenüber dem Mutterhaus gewertet werden. Um die journalistische Reputation bei den Lesern zu wahren, befragt die Redakteurin der *Berliner Zeitung* andere Moderatoren über Standards in ihren Redaktionen:

> *(...) Barbara Eligmann, Explosiv, RTL: »(...) Wenn uns Autoren ein Thema anbieten, lassen wir sie die Filme nicht allein drehen, sondern stellen ihnen einen eigenen Mitarbeiter zur Seite. Wenn Autoren dies nicht wollen, nehmen wir Abstand.« (...)*

Ulrich Meyer, Akte 95, Sat.1: »(...) Ein vierminütiger Film wird bei uns manchmal mehr als zwei Stunden lang abgenommen. Wir vergleichen Angaben, recherchieren gegen, lassen uns das Rohmaterial vorführen, ziehen einen Juristen zu Rate.« (...)

Von diesen Interviewpartnern hätte *stern TV* durchaus lernen können: In diesen kurzen und plastischen Statements erfährt die Öffentlichkeit mehr Details zum Thema innerredaktionelle Sicherungssysteme, als in der Vergangenheit durch das Magazin selbst.

Im freien Fall, 1. Februar 1996 bis 14. Februar 1996

Donnerstag, 1. Februar 1996

Trotz aller Verzweiflung, die sich in den kurzen Tagen des Skandals auf den Fluren des *Stern* in Hamburg festzusetzen scheint, weiß *G+J* natürlich: Der ins Trudeln geratene TV-Star – das Zugpferd der Fernsehaktivitäten im Konzern – kann nicht ohne Weiteres fallen gelassen werden. Zwei Wochen nach dem Beginn des Schlagabtauschs bringt das Magazin *Stern* ein Interview mit Jauch. Ein Schritt, den, wie gesehen, *Spiegel* und die *SZ* bereits vor Tagen als opportun erachtet hatten, um sich in eine günstige Ausgangslage zu manövrieren:

(...) Stern: Der freie Fernsehjournalist Michael Born (...) hat bei stern TV mindestens sechs gefälschte Beiträge untergebracht. Wie konnte das passieren? Jauch: Er war uns seit langem bekannt, er hat Beiträge geliefert, die nicht zu beanstanden waren, und er war bei vielen großen, renommierten Sendern und Sendungen bestens eingeführt. Deswegen haben wir ihm vertraut (...).

Jauch geht erneut nicht im Detail auf das Thema Sorgfaltspflicht ein, sondern verweist darauf, dass Born auch für andere renommierte Sender tätig war – als ob dies eine Garantie für journalistische Glaubwürdigkeit wäre. Dabei musste er sich doch erst vorhalten lassen, dass Vertrauen zwar gut, aber Kontrolle besser ist. Ihm scheint es unmöglich, verlässlich Auskunft zum Stand des Skandals zu geben:

(...) Stern: Wird sich die Affäre noch ausweiten? Jauch: (...) Ich stehe auch als Chefkoch einer Gerüchteküche, deren Dunsthaube ausgefallen ist, nicht zur Verfügung. Ich kann nicht ausschließen, dass noch mehr Beiträge zu beanstanden sind (...).

Humoristische Wortspielereien sind eines der Markenzeichen des TV-Stars. Sie täuschen aber nicht darüber hinweg, dass die Stimmung beim *Stern* wegen möglicher weiterer Enthüllungen frostig ist. Das Vertrauen nähert sich immer mehr dem Nullpunkt:

(...) Stern: stern TV und Stern sind voneinander unabhängig, aber wir kooperieren von Fall zu Fall, nach unseren Erkenntnissen haben die Fälschungen in unserem Heft keinen Niederschlag gefunden. Ist das richtig? Jauch: Ja. (...) Stern: Welche Konsequenzen zieht »stern TV« aus der Affäre, welche Konsequenzen ziehen Sie persönlich? Jauch: Unsere erste Konsequenz war, dass wir als bisher einziges TV-Magazin Anzeige gegen Michael Born erstattet haben und mit der Staatsanwaltschaft sehr gut zusammenarbeiten. Niemand ist mehr an der restlosen Aufklärung interessiert als »stern TV«. (...)

Sicherlich. Aber abgesehen von der Tatsache, dass *stern TV* zwischenzeitlich ganz offensichtlich der Draht zu den Ermittlungen der Staatsanwaltschaft verloren gegangen ist – was trägt Jauch, der diese Aussage bei jeder Gelegenheit beinahe gebetsmühlenartig wiederholt, wirklich aktiv bei? Er stellt eben nicht dar, wie Born redaktionelle Sicherungssysteme oder Redakteure ausgetrickst hat. Genauso unerklärt bleibt, wie sich in Zukunft die Abnahme der Beiträge, die Auswahl und Recherche der Themen gestalten soll. Stattdessen sucht er einmal mehr Schutz hinter der wenig aussagekräftigen Tatsache, *stern TV* habe Strafanzeige gestellt.

Fehlanzeige auch in Sachen persönlicher Konsequenzen. Jauch übergeht diese Frage schlicht, er hat sich »nichts vorzuwerfen« und sieht daher keinen Bedarf, Verantwortung zu übernehmen. Gerade aber für dieses Thema interessiert sich *Die Woche.* Eine Wochenzeitung, die seit Frühjahr 2002 übrigens nicht mehr erscheint. Der Autor macht sich über den Moderator lustig:

(...) »Liebe Zuschauer! Bisher ist zwar einiges schiefgelaufen, aber diesmal, glauben Sie mir, diesmal haben wir wirklich recherchiert!« Wollen

Sie (...) demnächst jede Moderation bei »stern TV« mit diesen Worten beginnen? (...) Wie sind Sie bloß auf die Idee mit dem investigativen Journalismus gekommen? (...)

Polemik ist der Wesenskern des Artikels, aber er ist gleichzeitig repräsentativ dafür, wie tief Jauchs Stern gesunken ist. Es ist nur konsequent, journalistische Fehltritte aus seiner Vergangenheit zu thematisieren oder Nebenjobs anzusprechen, die so gar nicht zum Berufsbild des Journalisten passen.

(...) Als »Stern TV« den Tod eines bosnischen Jungen in aller Brutalität zeigte, putzte sich Jauch an seinen französischen Kollegen ab. Die hätten den Film schließlich gedreht, er habe ihn nur gesendet. Als Jauchs Werbetätigkeit für das dubiose Direktvertriebsunternehmen Amway aufflog, antwortete Jauch: Niemand sei »richtig reingelegt, also belogen« worden. Später aber brandmarkte er die Nebentätigkeit seines Kollegen Ulrich Wickert. (...) Keine Frage: Im harten Wettbewerb um Quoten und Millionengagen können schon einmal Fehler passieren. »Stern TV« aber hat zu viele gemacht, Günther Jauch zu oft den Ahnungslosen gespielt. Es wird Zeit, dass er endlich einmal Verantwortung übernimmt. (...)

Die Woche trifft Jauch mit diesen Zeilen an einer sensiblen Stelle: seiner Eitelkeit als Journalist. Hat er sich mit dem Verlust seiner Glaubwürdigkeit abgefunden? Er wird offensichtlich zum Spielball der Medien.

Wie reagieren unterdessen die Mediaagenturen, die für den Verkauf der Werbeplätze im TV verantwortlich sind? Ist es zu einem Vertrauensverlust oder gar zu Werbestornierungen bei *stern TV* gekommen? Keineswegs!

Ob in den Häusern *Media Consult und Bates* in Frankfurt am Main oder *Springer & Jacoby Media* in Hamburg: Die Verkäufer der Werbeplätze halten das Magazin weiterhin für glaubwürdig.

Mit professioneller Nüchternheit zieht Werbeprofi Manfred Krupp, der Geschäftsführer von *Mediapolis-Horizons* in Frankfurt am Main, im Branchenblatt *Horizont* eine Zwischenbilanz: »Man kann ja bösartig sagen, wenn gefälschte Berichte gut gemacht sind, dann erfüllen sie ihren Zweck.« Es sei doch nur der Anspruch von *stern TV*, seriös zu berichten. Für die Kunden, für die die Sendung bisher gut gewesen sei, sei sie auch weiter gut.

Zurück zu *stern TV*: Am Wochenende rächt sich, dass das Magazin die Vorwürfe zum fragwürdigen Bericht über den Sprachreisenveranstalter aus Itzehoe, Jürgen Matthes, nie nachhaltig aus der Welt geschafft hat.

Sonntag, 4. Februar 1996

Matthes hat seine Story im Axel Springer Verlag untergebracht und droht via *Bild am Sonntag (BamS)* mit einer Klage gegen *stern TV* auf Schadenersatz:

> *(...) Durch die Fälschungen (...) haben Stern TV und seine Mitarbeiter unserem Familienbetrieb einen Schaden in siebenstelliger Höhe zugefügt. (...) Diesmal geht's um den Beitrag eines Münchner Filmemachers über Sprachreisen nach Eastbourne (...) »In dem Bericht, den Stern TV im Sommer vergangenen Jahres ausstrahlte, torkeln betrunkene Jugendliche durchs Bild (...). Der Bericht ist in vielen Teilen gefälscht«, sagt der Veranstalter. (...)*

Es ist davon auszugehen, dass sich zu diesem Zeitpunkt bereits *G+J*-Justiziare hinter den Kulissen mit dem Fall beschäftigen. Ihr Job ist es, einen möglichst wenig aufsehenerregenden Vergleich zwischen Matthes und *stern TV* herbeizuführen. Ein Prozess wäre angesichts weiterer Enthüllungen durch die nach wie vor ermittelnde Staatsanwaltschaft für das Politmagazin eine Katastrophe.

Die Zeit drängt. Es mehren sich Indizien, dass es in der Redaktion tatsächlich zu Manipulationen gekommen sein dürfte. Denn *stern TV*, so heißt es in der Klageerwiderung des Münchner Filmemachers, habe sich nicht an die Originalversion des Beitrags gehalten. Jauchs Redaktion habe eigenmächtig Änderungen vorgenommen und Zitate verwendet, die der Münchner nicht geliefert habe. Die *BamS*-Chefredaktion hat mit der Veröffentlichung nicht lange gezögert. Kommt der Reiseveranstalter doch wie gerufen. Sein Fall ist eine Einladung, um gegen den Wettbewerber *G+J* zu polemisieren.

Auf Rücksprache mit den Betroffenen zur Überprüfung der Behauptungen verzichtet das Springerblatt. Wozu sich womöglich durch eine Gegenrecherche eine die Auflage in die Höhe treibende Geschichte kaputtmachen? Für Fairplay ist in dieser Zeit kein Platz.

Montag, 5. Februar 1996

Jauchs Absturz gibt *G+J* beziehungsweise *RTL* immer mehr Grund zur Besorgnis, wie der *Focus*, der selber mit Hochdruck an einem in wenigen Wochen startenden TV-Format arbeitet, zwischen den Zeilen wissen lässt:

> *(...) RTL-Chef Helmut Thoma, G+J-Vorstandsvorsitzender Gerd-Schulte Hillen, und Bertelsmann-Top-Manager Rolf Schmidt-Holz versuchen sich als Telefonseelsorger. Ihren Beistand brauchte Günther Jauch (...). Seit bekannt wurde, dass der Bildschirmsmartie (...) mindestens elf als gefälscht geltende Beiträge angesagt hat, ist sein properes Image angekratzt. (...)*

Man kann weiter gehen als der *Focus*-Autor: Die Affäre um den TV-Fälscher Born ist allmählich zum »Skandal um Günther Jauch« geworden, der auf dem Weg ist, seinen Ruf zu verspielen.

Mittwoch, 7. Februar 1996

Auf den TV-Liebling schießen sich jetzt auch die Blätter der Regenbogenpresse ein. Jauch ist wegen seiner Fehlleistungen zur Zielscheibe von Spott geworden. So diskreditiert etwa das bunte Blatt *Die Zwei* den TV-Star:

> *(...) Jauch hält sich für einen begnadeten Journalisten (...). Zeitschriften, die über Königshäuser berichten, hält er für unseriös, die Käufer für dumm und ungebildet. (...) Was für ihn aber besonders peinlich ist: Er hat nicht eine einzige Story nach dem Wahrheitsgehalt überprüft. (...)*

Dies ist sicherlich unzutreffend. Aber mittlerweile gehen auch Medienfachblätter – hier informieren sich Journalisten über die Vorgänge im eigenen Berufsstand – auf Distanz. Der Fachdienst *rundy* bittet den Ex-Chefredakteur der *Bunte*, Armin Wagner, um Antwort auf die Frage, ob Jauch die Fälschungen nicht hätte erkennen müssen.

> *(...) »Sicher. Aber sicher ist niemand. Natürlich ist Stefan Aust mit seiner Spiegel-Maschine aus gelernten Redakteuren besser dran als ein Jauch, der aus der Showbranche kommt und statt Journalismus eher Tingeltangel gelernt hat.« (...)*

Natürlich hat Wagner die Beiträge weder in Ausschnitten noch in voller Länge oder gar in Form des Rohmaterials jemals zu Gesicht bekommen.

Danach fragt aber niemand mehr. Jauchs Image befindet sich in der Branche, die mit Volldampf an weiteren Enthüllungen recherchiert, im Absturz.

Donnerstag, 8. Februar 1996

Kein Wunder, denn der nach einer *Focus*-Umfrage erst kürzlich zum beliebtesten Deutschen gekürte Starmoderator ist Garant für hohe Auflagen. Die *Bunte* steigt ein:

> *(...) Was tut Jauch jetzt? 1. Er hat Stefan Aust einen Brief geschrieben mit dem »guten Rat«, den »Günther Kujauch« nicht zu wiederholen. (...) 2. Er hat die (wg. Imageschaden) besorgte Stern-Redaktion im Nacken. Jauch: »Wir kriegen Hilfe aus Hamburg vom Verlag, auch juristische Hilfe. Wir haben Rechercheure im Ausland, die irgendwelchen Geschichten nachgehen.« (...)*

Solche Andeutungen sind es, die sein Image in der Öffentlichkeit zu ruinieren drohen. Warum wird er nicht konkret und erklärt, dass der Beitrag um den Sprachreiseunternehmer gerade noch einmal gegenrecherchiert wird? Aber er weicht abermals aus. Und dies zu einem Zeitpunkt, zu dem sich weitere bedrohliche Szenarien zusammenbrauen. *G+J* intensiviert die Bemühungen, auf juristischem Weg Schadensbegrenzung herbeizuführen.

Die *Bunte* lässt die Chance nicht aus, darauf hinzuweisen, wie Menschen nach einem offensichtlichen Fehler reagieren:

> *(...) Typ 3 ist es seinem Stolz schuldig, wieder Klasse zu bekommen, indem er sich öffentlich bekennt. Typ 4 belügt sich selbst und denkt, es merkt keiner. (...) Nun hat Jauch, der große Junge, statt 3 die Version 4 gewählt, wo er durch öffentliches Bekenntnis zum wirklichen Helden hätte werden können. (...) Er wird den Tag, als er seine Ehre verlor, nie vergessen. Das Publikum schon. (...)*

Es ist kaum zu glauben, aber der Autor wird mit der gewagten Prognose Recht behalten. Zunächst sticht aber die Illustrierte *Gala* nach. Sie gibt für eine Titelgeschichte über erfolgreiche Frauen, die den Ruf des Fernsehens retten sollen, und über Männer, die ihre Reputation verspielen, eine Forsa-Umfrage in Auftrag. Das Ergebnis ist für Jauch, der bis vor Kurzem ein Symbol für Seriosität im deutschen Fernsehen war, wenig erfreulich. Grund:

Nachdem der Frontmann von *stern TV* den Fakes aufgesessen ist, halten ihn nur noch 58 Prozent der Befragten für glaubwürdig.

Sein Ansehensverlust bleibt nicht auf Zuschauer beschränkt. Die taktischen Spielereien sorgen im eigenen Berufsstand für Unmut. Nicht zuletzt ausgelöst durch die Informationspraxis kommen immer mehr Redakteure auf die naheliegende Frage: Auf welche Weise hat Born in den fraglichen Beiträgen der Wahrheit nachgeholfen?

Das Regenbogenheft *super Illu* springt auf den schneller an Fahrt gewinnenden Skandal-Zug, um seinen Lesern einen mutmaßlich gefälschten Born-Film aus dem Jauch-Magazin vorzustellen:

> *(...) Der spektakulärste Fall: Mit (...) vorwurfsvollem Dackelblick kündigte er einen Beitrag über Kinderarbeit in Indien an. Auf dem Bildschirm dann ärmlich gekleidete Jungen, die einen Ikea-Teppich knüpften und später ihre kleinen Hände hilfesuchend durch das Gitter der Firma streckten. Fälschung total: Die Kinder waren in Wirklichkeit die Söhne eines wohlhabenden Fabrikbesitzers, dessen Firma mit Teppichproduktion nichts zu tun hat. (...)*

Super Illu eröffnete hier eine neue Front, an der *stern TV* einmal mehr der Aktualität hinterherhetzen musste. Denn *IKEA* kündigte dem indischen Teppichproduzenten, in dessen Firma gar keine Kinder arbeiteten, nach der Sendung den Auftrag.

Samstag, 10. Februar 1996

Zwangsläufig stellen sich die Medien nun die Frage, wie es überhaupt in TV-Magazinen zugeht. An diesem Wochenende gibt die *SZ* erste Eindrücke, indem sie den TV-Fälscher, der Millionen Zuschauer getäuscht hat, zu Wort kommen lässt:

> *(...) »Was das Fernsehen betrifft, kann sich der normale Zuschauer keine Vorstellung machen, (...) wie er von vorne bis hinten belogen wird, wie die Gier nach Sensationen keine Grenzen mehr kennt.« (...) Und da Born auch gute Kontakte zur autonomen Szene, zur PKK und zu Palästinensern hat - ein Foto zeigt Born mit Arafat – nahmen die Magazinmacher leichtgläubig auch Filme über (...) Kinderarbeit in Indien (oder) kurdische Bombenbastler. (...)*

Leichtgläubig oder nicht. Solche Themen stehen eben jedem investigativen Politmagazin gut zu Gesicht. *stern TV* ist im Zuge des zunehmenden Konkurrenzdrucks im Kampf um Einschaltquoten und Werbegelder zwischenzeitlich daher leider Abnehmer für dubiose Inhalte geworden, die nicht so recht zum seriösen Image passen wollen.

> *(...) Nur, wie ist es Born gelungen, frei Erfundenes wie die Katzenjäger (...) unterzubringen? Er kam doch nur mit chaotischem Rohmaterial. (...) »Weil er kein guter Journalist ist«, sagt Zaik, »haben wir ihn eng an die Redaktion gebunden.« (...)*

Demnach arbeitet das erfolgreichste Politmagazin im deutschen TV, das in seiner Eigendarstellung Anfang des Jahres noch höchste journalistische Tugenden für sich beanspruchte, über einen Zeitraum von fünf Jahren mit einem schlechten Journalisten zusammen! Sogar eng angebunden! Dann gerät das Magazin durch den ehemaligen Mitarbeiter Martin Lettmayer, der dort von August 1994 bis Ende Dezember 1995 als Redakteur beschäftigt war und in seinem Dokumentarfilm »Verschlusssache Atomtod« unsauber gearbeitet hatte, zusätzlich in die Defensive:

> *(...) Der Autor behauptet (...), dass Kinder Opfer einer Strahlenkatastrophe im Ural geworden seien, diese Sequenz in einem Haus in Tscheljabinsk gedreht worden seien. Doch die Bilder waren 1994 zwei Jahre alt und stammten aus einer Moskauer Kinderklinik. (...)*

Im Artikel nennt Autor Lettmayer dies einen »branchenübliche Kunstgriff« – ein Argument, das auch im späteren Prozess immer dann fällt, wenn es darum geht zu erklären, inwiefern sich die Redakteure in der Kölner Redaktion selbst nicht ganz ans Authentische hielten. Übrigens verlässt Lettmayer die Redaktion zu dem Zeitpunkt, als *stern TV* der Staatsanwaltschaft die Unterstützung bei der Aufklärung der Vorwürfe zusichert und Strafanzeige gegen Born stellt. Steht der Entschluss mit der Affäre in Zusammenhang? Parallel geht das Rätselraten über die Umstände weiter, wie der Beitrag über den Itzehoer Sprachreiseveranstalter, der sich als Opfer eines gefälschten TV-Beitrags betrachtet, zu Stande kam. Jetzt rächt sich, dass die Redaktion die Öffentlichkeit noch nicht über einzelne der mutmaßlich gefälschten Beiträge informiert hat, sondern Journalisten wie jene der *FAZ* selbst weiter ermitteln müssen:

(...) Zwei Tage lang begleitete ein Kamerateam unter der Leitung von Michael Mayr von der freien Produktionsgesellschaft »Filmgesellschaft München« die Schüler eines seiner Feriensprachkurse in Eastbourne. Das Bild, das sich dem Zuschauer bot, war haarsträubend. (...) Gegen die Darstellung hat Jürgen Matthes (...) eine einstweilige Verfügung (...) erwirkt. (...) Ein Lehrer von Matthes gab an, zu einer Falschaussage erfolglos bestochen und im Film falsch übersetzt worden zu sein. (...)

Für den Münchner Fernsehautor ist die Tatsache, in den Skandal hineingezogen zu werden, eine Katastrophe. Er ist um seinen Ruf in einer Branche besorgt, in der jeder jeden kennt. Und übt schließlich offene Schelte an der Presse, kritisiert die, seines Erachtens nach, einseitige Darstellung in den Medien:

(...) Auch er betrachtet sich als Opfer. Man versuche, ihn in die »Michael-Born-Nummer« mitzuversenken. RTL hält sich zurück, betrachtet den Fall als Angelegenheit von »stern TV«. Dort wehrt man sich trotz der Ausstrahlung mehrerer gefälschter Beiträge gegen den Vorwurf, »blauäugig« zu arbeiten. (...)

Der letzte Satz zeigt, wie stark das *Spiegel*-Interview, in dem sich der *stern TV*-Chef Zaik aufs Glatteis führen ließ, nachwirkt. Doch zurück zum Fall Matthes: Hier heißt die offizielle Sprachregelung, dass *stern TV* den Fall prüfe. Dies bedeutet nichts anderes, als dass die *G+J*-Juristen an einem Vergleich arbeiten.

Auch mag es auf den ersten Blick verwirren, dass *RTL* in der *FAZ* auf Distanz zu dem Magazin geht. Aber es ist ein nachvollziehbarer Schritt. Denn *stern TV* ist wie *Spiegel TV* eine unabhängige Produktionsgesellschaft, sendet als so genanntes Auflagenprogramm mit einer Lizenz der Firma des Münchner Filmemachers Alexander Kluge, *dctp*. Der hatte Anfang der 80er-Jahre mit der Idee Erfolg, die neuen Privatsender zur Ausstrahlung kultureller Programme von unabhängigen Dritten – wie eben *dctp* – zu verpflichten. Damit setzte sich Kluge bei Lizenzvergaben für Fensterprogramme bei den Sendern *RTL* oder auch *Sat.1* durch. Seitdem werden die Magazine via *dctp* ausgestrahlt.

Die Betonung der Unabhängigkeit zwischen *stern TV* und *RTL* geschieht in weiser professioneller Voraussicht. Denn Springer-Journalisten arbeiten mit Hochdruck an einer weiteren Enthüllungsstory. An diesem Samstag kündigt *Bild* die »Geständnisse des Fälschers Born« in der *BamS* für den kommenden Tag an.

Sonntag, 11. Februar 1996

Das sonntägliche Boulevardblatt behauptet, dass der TV-Fälscher auspacken wolle. In einem längeren Artikel beantwortet Born über seinen Würzburger Verteidiger Norman F. Jacob Fragen der Springer-Postille:

> *(...) Wie prüfte die Redaktion von »stern TV« Ihre Berichte auf deren Wahrheitsgehalt? MB: »Es gab keine vertieften Nachprüfungen.« (...) Wusste die Redaktion vor der Ausstrahlung, dass etwas gefälscht war? MB: »Ja, sie wusste davon. Zum Beispiel bei meinem Film über Bomben in Bethlehem. Ein Redakteur hat den Beitrag sogar noch überarbeitet.« Hatten Sie auch einen Helfer in der Redaktion? MB: »Gezielt geholfen hat mir in der Redaktion eine Person. Haben Sie Verständnis dafür, dass ich den Namen noch nicht nennen kann.« (...)*

Im Prozess wird sich herausstellen, von wem der TV-Kujau spricht. Nach Lektüre dieser Zeilen in Deutschlands auflagenstärkstem Sonntagsblatt ist das Wochenende für Jauch und Zaik wohl vollends gelaufen. Die Behauptung, die Redaktion habe von den Fälschungen gewusst oder Born gar einen Komplizen gehabt, schlägt nicht nur bei ihnen, sondern auch bei anderen Medien wie eine Bombe ein. Offensichtlich verunsichert lehnt die Redaktion *stern TV* Interviewwünsche ab, will sich zu den Vorwürfen nicht äußern. Damit vergibt sie gleichzeitig die Gelegenheit, dass ihre Stellungnahme in den Medien sofort Gehör findet und sich in den Artikeln widerspiegelt. Denn nach der bisherigen Eskalation ist sicher, dass keine einzige Tageszeitung ihren Lesern diese neuen Entwicklungen vorenthalten würde. Es gehört zu den Spielregeln der Zunft, dass Agenturen eine solche Topmeldung unter Hinweis auf die Quelle sofort weiterverbreiten. *dpa* und *AFP* schicken noch am selben Tag Meldungen über Borns Behauptungen in der *BamS* über den Ticker.

Montag, 12. Februar 1996

Die Strategie Borns und seines Anwalts, auflagenstarke Boulevardmedien gezielt zu »füttern«, geht in vollem Umfang auf: Die Nachricht schlägt sich bundesweit in zahlreichen Tageszeitungen nieder, die Gerüchteküche um *stern TV* kocht. Und Jauch, der erst wenige Tage zuvor im *Stern*-Interview gesagt hatte, er wolle sich nicht zum Chefkoch einer Gerüchteküche um seine Redaktion machen lassen, scheint den Medien mit seinem Verhalten unfreiwillig das »Salz in die Suppe« zu geben. Damit nicht genug. Weitere Behauptungen im Magazin *Focus*, das ebenso wie die *BamS* ein Zwiegespräch mit Borns Rechtsbeistand führt, belasten die Redaktion:

> *(...) Ohne Mitwisser in den Redaktionen habe er seine vielen Storys gar nicht verkaufen können. Insgesamt 29 Filmbeiträge habe er zwischen April 1991 und Oktober 1995 allein an »stern TV« losgeschlagen, rund ein Dutzend davon sei inhaltlich teilweise oder komplett getürkt gewesen. Obwohl man bei »stern TV« über den fehlenden Wahrheitsgehalt mancher Story informiert gewesen sei, sei sie trotzdem gesendet worden. (...)*

Ein Bericht mit einer Reihe von Tatsachenbehauptungen, die ausschließlich auf den Worten des mutmaßlichen TV-Fälschers beruhen. Er, beziehungsweise sein Anwalt, bleibt die Beweise schuldig, dass die Anzahl der von *stern TV* ausgestrahlten gefälschten TV-Beiträge tatsächlich so hoch ist. Ebenso unbewiesen das Statement, die Redaktion habe manipulierte Filme wider besseres Wissen gesendet:

> *(...) Sein Mandant, bekräftigt Jacob, »hatte subjektiv den Eindruck«, dass »stern TV« Nachbesserungen gefordert habe, wenn das vorgelegte – echte – Material nicht spektakulär genug erschien. So seien Szenen von dem in einer Höhle mit Laiendarstellern aufgenommenen angeblichen Treffen deutscher Ku-Klux-Klan-Anhänger ursprünglich gar nicht Borns Idee gewesen. Erst auf eine Anregung hin habe man die Kutten für den nächtlichen Mummenschanz selbst genäht, in der Eile auch ein Hakenkreuz falsch herum platziert. (...)*

Die Verteidigungsstrategie Borns ist eindeutig: Er wird sich als Opfer der Sensationsgeilheit der TV-Magazine inszenieren und im Sinne einer Zermürbungstaktik aus seiner Zelle weiter Druck ausüben. Das Szenario, er habe erst auf eine Anregung hin Kutten genäht, entspricht voll dem Geschmack jedes nach Sensationen lechzenden Journalisten, bleibt aber ohne faktische Substanz. Es erscheint nicht gerade als ein Ausweis neutralen journalistischen Selbstverständnisses beim *Focus*, dass er sich offenbar zu keinem Zeitpunkt durch eine Rückfrage in der Redaktion um eine Überprüfung der Behauptungen bemühte. Aus verlagspolitischen Motiven nachvollziehbar: In wenigen Tagen begibt sich Burdas neuer TV-Ableger *Focus TV* in die Quotenschlacht zwischen den Politmagazinen. Da ist der Zeitpunkt günstig, am Image der Konkurrenz zu kratzen.

In Köln platzen die »Geständnisse des TV-Fälschers« wieder einmal mitten in die Vorbereitungen einer neuen Ausgabe. Angesichts der Born'schen Tiraden und des Nachfragedrucks durch andere Medien, die auf Klarheit in der Sache pochen, kommt *stern TV* an einer Presseerklärung nicht vorbei:

> *(...) »Wenn Herr Born stern TV vorwirft, ihm habe eine Person in der Redaktion gezielt geholfen«, sagt Zaik, »dann soll er konkret werden.« (...) Geradezu absurd sei Borns Behauptung, stern TV habe vor der Ausstrahlung der Reportagen von möglichen Fälschungen gewusst. (...) »Behauptungen werden auch dann nicht zu Tatsachen, wenn ein Betrüger sie ständig wiederholt und andere sie drucken«, sagt der stern TV-Chefredakteur. (...)*

Ein Seitenhieb Zaiks gegen Kollegen, die in diesen Hochtagen des Skandals die Selbstverpflichtung zur ausgeglichenen Berichterstattung über Bord werfen und sich leichtfertig zum Vehikel der Behauptungen Borns machen lassen.

Welche Auswirkungen die Entwicklung der letzten Wochen auf das Verhältnis zum Mutterhaus hat, lässt ein sichtlich genervter *Stern*-Chefredakteur erahnen. Werner Funk (F) gibt im Fachblatt *Medien aktuell* (MA) missmutig Auskunft über den TV-Ableger:

> *(...) MA: Herr Dr. Funk, die Fernsehreihe »stern TV« nutzte seinerzeit zum Start den Bekanntheitsgrad des Print-Titels Stern. Jetzt ist »stern TV« durch eine Reihe getürkter Beiträge ins Gerede gekommen. Schadet das Ihrem Objekt? F: Es nützt jedenfalls nicht. (...) MA: Wäre es Ihnen lieber, »stern TV« würde sich einen anderen Namen zulegen? F: Nein. MA: Arbeiten Sie mit »stern TV« ähnlich zusammen wie »Spiegel TV« mit der Redaktion des Nachrichtenmagazins? F: »Nein.« (...)*

Viel weiter kann das Verhältnis nicht mehr abkühlen. Funk dürfte zu diesem Zeitpunkt darüber informiert gewesen sein, dass *stern TV* in einigen Stunden Farbe bekennen muss und an offiziellen Gegendarstellungen nicht vorbeikommt. Eine wohl schmerzhafte Vorstellung für den Moderator des Magazins, der kürzlich seinem Kollegen Klaus Bednarz fälschlicherweise ungezählte Gegendarstellungen vorgehalten hatte.

Mittwoch, 14. Februar 1996

Die heutige Ausgabe ist kein wirkliches Highlight in der Geschichte von *stern TV*. Durch die Hetzjagd der Medien findet Jauch nicht einmal mehr ausreichend Zeit, um sich vorzubereiten. Dafür regnet es Richtigstellungen. So zum Bericht über den Itzheoer Sprachreiseveranstalter, den das Magazin am 26. Mai 1995 im Programm hatte:

> *(...) Die Ermittlungen ergaben, dass die Sprachschüler fürsorglich und gut betreut wurden und das Unternehmen seit vielen Jahren vor Ort einen guten Ruf genießt. stern TV bedauert, dass durch den gesendeten Beitrag in der Öffentlichkeit ein falscher Eindruck über das Unternehmen »Jürgen Matthes Sprachreisen« entstanden ist. Vorwürfe gegen stern TV erhebt Herr Matthes nach Einsicht in die Unterlagen von stern TV nicht. (...)*

Die *G+J*-Hausjuristen haben ganze Arbeit geleistet. Ihnen ist es in einem Vergleich mit Matthes' Anwälten gelungen, *stern TV* aus der Schusslinie zu nehmen. Ein Teilerfolg, über den die Redaktion am nächsten Tag die Medien in einer Presseerklärung unterrichtet. Gleichzeitig zeigt sich, wie hart die Bandagen sind, mit der die Branche kämpft, wenn es darum geht, die eigene Journalistenhaut zu retten:

> *(...) In diesem Zusammenhang erhebt Herr Matthes Vorwürfe gegen den Münchner Produzenten, von dem stern TV das zugrundeliegende Filmmaterial erworben hat. (...)*

Die Vorwürfe werden auf den Produzenten Michael Mayr abgewälzt, der zuvor *stern TV* seinerseits unsauberes Arbeiten unterstellt hatte. Offene Rechnungen werden in diesen Tagen sofort beglichen. Hart sind auch die Forderungen der Anwälte des schwedischen Möbelmultis *IKEA*, der durch einen gefälschten Beitrag bei seinen Käufern in Bedrängnis geraten war und einem schuldlosen Produzenten gekündigt hatte. Die Juristen verlangen, dass die Redaktion in Wort und Bild vollständig die Entstehung des gefälschten Beitrags darstellt und einen *IKEA*-Vertreter zu Wort kommen lässt. Eine Vorstellung, die angesichts der unklaren Beweislage – was hat

Michael Born wirklich in der Hand, und gab es mitunter Helfer in der Redaktion – den Verantwortlichen das blanke Entsetzen in die Augen getrieben haben dürfte. Doch so weit wird es nicht kommen. Jauch zieht es vor, sich an diesem Mittwochabend gleich noch für den gefälschten *IKEA*-Beitrag zu entschuldigen. Zwar informiert das Magazin jetzt erstmals offensiv die Öffentlichkeit, um nicht erneut von den Medien getrieben zu werden. Dumm ist nur, dass damit die Möglichkeit einer Klage von *IKEA*, wie sich schnell zeigen wird, nicht aus der Welt ist.

<u>In der Falle der Aktualität</u>, 15. Februar bis 3. März 1996

Donnerstag, 15. Februar 1996

Nach fast einem Monat schaltet sich sogar der damalige Bundespräsident Roman Herzog in die Debatte der aktuellen Ereignisse ein. Er betont zwar gegenüber dem Deutschen Presserat den Stellenwert der »gegenseitigen Kritik der Medien« im Rahmen der freiwilligen Selbstkontrolle des Fernsehens, mahnt aber angesichts immer wilderer Spekulationen gleichzeitig zur Mäßigung.

Unterdessen will es Jauch nicht gelingen, zur gewohnten Souveränität zurückzufinden. Obwohl Entschuldigungen, Eingeständnisse und Beteuerungen, die Redaktion habe Borns Rohmaterial kontrolliert, sowie Gegendarstellungen beweisen sollen, dass *stern TV* Opfer und nicht Täter war, müssen ihn anhaltende Spekulationen wie jene der *Woche* belasten, dass Born redaktionelle Hilfe bei der Produktion der Fakes hatte:

> *(...) Wenn dann noch alles von einem Moderator schwiegermutterlieb ins Bild gesetzt wird – wer will wegen ein paar Lügen, (...) den Spielverderber spielen? (...) Das war schon bei den Hitler-Tagebüchern so, warum sollte ausgerechnet stern TV jetzt anders arbeiten? Damals kassierte Kujau noch illegal, heute streicht Jauch seine Millionen ganz legal ein. (...)*

Freitag, 16. Februar 1996

Auch dem Boulevardblatt *Express* aus Köln entgeht nicht, dass der Schock über die gefälschten Beiträge beim Moderator Spuren hinterlassen hat:

> *(...) Peinlich, wie unvorbereitet er bei der Anmoderation des »Take That«-Themas war, ständig vom Zettel ablesen musste. Peinlich, wie er den*

(sorgfältig) recherchierten Beitrag über den Split der Teenie-Band mit Häme über die Fans (...) kaputt redete. Anschließend Gegendarstellungen in Sachen Born-Beiträge in schon gewohntem Jammer-Unterton. Wenn's so weitergeht: Gute Nacht. (...)

Man kann sich vorstellen, wie sehr Jauch und sein Magazin wenigstens eine kurze Atempause herbeisehnen. Aber auch an diesem Wochenende geht der Marathon weiter. Der *IKEA*-Konzern entschließt sich zu einer Klage auf Schadenersatz und informiert hierüber gleich die Presse.

Samstag, 17. Februar 1996

Der Schweden-Korrespondent der *AFP* tickert nach einem Gespräch mit einem *IKEA*-Verantwortlichen nach Deutschland, dass das Unternehmen von *stern TV* 400.000 Mark Schadenersatz fordere. Damit solle unter anderem der Schaden ausgeglichen werden, der der Firma in Indien durch den gefälschten Film entstanden sei.

Sonntag, 18. Februar 1996

Auch der *Axel Springer Verlag* lässt von der Story nicht ab. Die *BamS* hat seit dem letzten Wochenende weiter recherchiert. Durch ein Gespräch mit dem die Ermittlungen in Koblenz leitenden Staatsanwalt Norbert Weise erfahren die Redakteure von der Festnahme eines weiteren Verdächtigen:

(...) Nach Fernsehfälscher Michael Born sitzt jetzt auch Günther Jauchs »Hauptdarsteller« in Untersuchungshaft. (...) Laut Staatsanwaltschaft soll der Born-Komplize in einem gefälschten stern TV-Bericht als Ku-Klux-Klan-Führer Nazi-Parolen gegrölt haben. Als Komparse wurde er auch als angeblicher Kokain-Dealer und drogensüchtiger Navajo-Indianer (...) auf dem Bildschirm entdeckt. (...)

Es ist völliger Unfug, dass der Festgenommene Jauchs Hauptdarsteller gewesen sei. Natürlich hätte Anwalt Seibert bei Springer intervenieren und auf Richtigstellung der nicht korrekten Behauptung bestehen können, ja müssen. Denn der Inhaftierte, den die *BamS* in dem Artikel auf einem Videoprint aus dem Beitrag in vollem Indianer-Federschmuck abbildet, ist einer der Komparsen Borns.

Aber scheinbar kümmert es bei *stern TV* niemanden mehr, ob Behauptungen den Tatsachen entsprechen oder den Phantasien der Hamburger Springer-Redakteure. Irgendwie scheint an der Alster wie zeitgleich im Rheinland Karnevalsstimmung auszubrechen.

Dienstag, 20. Februar 1996

Vom Norden der Republik im *Hamburger Abendblatt* oder in der *Welt* über die Mitte in der *FAZ* bis in den Süden in der *SZ* oder den Osten in der *Berliner Zeitung:* Während die Presse sich bundesweit mit den Neuigkeiten vom Wochenende überschlägt, rennen Jauch und seine Redaktion den Ereignissen hinterher.

Viel zu spät fällt die Entscheidung, zu der *IKEA*-Klage Stellung zu nehmen. Und dies nicht etwa in einem persönlichen Gespräch mit der *SZ* oder der *FAZ*, in dem sie den Redakteuren hätten wichtige Informationen zur Entstehung des Beitrages geben können, um Einfluss auf die Berichterstattung zu gewinnen. Nein, einmal mehr in Form einer Presseerklärung:

> *(...) stern TV hat in der Sendung vom 14. Februar 1996 bereits zu der Fälschung des »Ikea-Beitrags« Stellung genommen. Es handelt sich um ein schwebendes Verfahren, mit dem die Rechtsabteilung von Gruner + Jahr befasst ist. (...) Unsere Anwälte halten einen derartigen Schadenersatzanspruch, der von Ikea auch noch nicht spezifiziert worden ist, für unbegründet. (...)*

Eine Ansammlung von Allgemeinplätzen. Klar, dass das Magazin mit seiner wenig ausgeprägten Bereitschaft zur Auskunft bei den Kollegen der schreibenden Zunft nicht mehr punkten kann.

In der Öffentlichkeit verhärtet sich der Eindruck, dass *stern TV* ganz offensichtlich blockiert.

Mittwoch, 21. Februar 1996

Das Medienkarussell gewinnt an Fahrt: neuer Höhepunkt im Regenbogenblatt *Sieben Tage*. Es fordert erstmals im Namen der »empörten Zuschauer« den Rücktritt des 39-jährigen Moderators Jauch.

Donnerstag, 22. Februar 1996

Mitten in die Situation platzt dann ein unerwartetes Umfrageergebnis. Ob nun gezielte PR-Maßnahme durch *G+J* oder nicht: Die zum Konzern gehörende Programmzeitschrift *TV Today* hat durch das Bielefelder *Emnid*-Institut die Stimmungslage im deutschen TV-Volk unter die Lupe genommen. Dabei sieht es so aus, als stimme die Rücktrittsforderung des Regenbogenblatts so gar nicht mit der Meinung der 1.036 befragten Zuschauer überein:

> *(...) Auch wenn er sich stammelnd für gefälschte Fernsehbeiträge entschuldigen (...) muss – er ist und bleibt der ewige Good Guy, dem jeder Fehler sofort verziehen wird. Die Zuschauer haben ihn so bedingungslos ins Herz geschlossen, dass selbst auf dem Höhepunkt der Auseinandersetzungen über die gefälschten Beiträge bei »stern TV« fast jeder zweite Deutsche den TV-Smartie gern noch öfter auf dem Bildschirm sehen möchte. (...)*

Es ist nicht dem Ergebnis dieser Umfrage zu verdanken, dass es anschließend um *stern TV* allmählich ruhiger wird. Vielmehr geht den Tageszeitungen nach über einem Monat Sperrfeuer langsam die Munition aus. Außerdem wissen die Chefredakteure: Wirkliche Klarheit in den Skandal wird erst die Anklage beziehungsweise der Prozess gegen Michael Born bringen.

Sonntag, 3. März 1996

Einige Tage später zieht die *Welt am Sonntag* eine für das Magazin beruhigende Zwischenbilanz. Grund: Weder Fakes noch Diskussionen führten zu einem Popularitätsverlust. Die Einschaltquoten bleiben bei über drei Millionen Zuschauern auf hohem Niveau:

> *(...) »Es überrascht, dass das Fernsehpublikum so wenig Konsequenzen aus dem Ereignis zog«, sagte Klaus Burkert von der für »stern TV« zuständigen Landesmedienanstalt Nordrhein-Westfalen. (...) »Leider liegen keine Untersuchungen vor, was der Zuschauer überhaupt von Magazinsendungen erwartet«, so Burkert weiter. »Offenbar besteht hier eher ein Hang zur Unterhaltung denn zur Information.« (...)*

Mit dem beginnenden Frühjahr 1996 näherte sich die erste Phase des Skandals ihrem Ende. Zurück blieb ein blamierter Moderator mit einem Magazin, das auf dem besten Weg war, seine journalistische Kredibilität zu verspielen.

Dazu eine Branche, die sich selbst den § 23 Abs. 3 des Rundfunkstaatsvertrags ins Bewusstsein zurückrufen musste. Darin hieß es, dass Informationssendungen den anerkannten journalistischen Grundsätzen zu entsprechen haben, »unabhängig und sachlich« sein müssen und dass Nachrichten vor ihrer Verbreitung »mit der nach den Umständen gebotenen Sorgfalt auf Wahrheit und Herkunft« zu prüfen seien.

Ganz in diesem Sinne fordert der damalige Vorsitzende der Direktorenkonferenz der *Landesmedienanstalten (DLM)*, Thomas Kleist, die betroffenen TV-Veranstalter auf, gegenüber der zuständigen Landesmedienanstalt Auskunft darüber zu geben, ob und in welcher Anzahl, in welcher Art und welchem Umfang gefälschte Beiträge ausgestrahlt worden sind und welche Vorkehrungen getroffen wurden, um den im Rundfunkstaatsvertrag vorgeschriebenen Sorgfaltspflichten zu entsprechen.

Über Ergebnisse und mögliche Konsequenzen daraus soll die Öffentlichkeit allerdings nichts mehr erfahren. Mit jedem Tag ebbt die breite Woge der Berichterstattung bis zur Anklageerhebung gegen Born im Sommer weiter ab. Diskussionen um Schwachstellen in puncto redaktioneller Sicherungssysteme oder journalistischer Sorgfaltspflicht werden bloß noch im *Evangelischen Pressedienst (EPD)* und in Medienfachblättern wie der *Funk-Korrespondenz* oder *Medien aktuell* geführt.

Im Sommerloch, 23. Mai bis 30. August 1996

Donnerstag, 23. Mai 1996

Es ist verständlicherweise nicht im Interesse Borns, dass seine Affäre im Frühsommer durch andere Schlagzeilen abgelöst und in den Hintergrund gedrängt wird. Daher arbeiten er und sein Anwalt wie besessen daran, die Medien weiterhin für den Fall zu interessieren. Die Taktik: die öffentliche Meinung zu Gunsten des Häftlings in Untersuchungshaft zu beeinflussen.

Sie haben Erfolg: Ende Mai beginnt für *stern TV* wegen einer Vorabmeldung der Münchner Zeitschrift *Playboy* eine neue Zitterpartie. In einer mehrseitigen Erklärung stellt Born das Magazin als Mitwisser hin. Sofort zitiert *AP* aus dem Beitrag:

> *(...) »Es ist (...) heuchlerisch, wenn all die Redakteure und Verantwortlichen jetzt aufschreien und überrumpelt tun. Denn ich (...) habe lediglich praktiziert, was diese Leute, von denen ich (...) finanziell abhängig war, gewollt und oft nicht nur stillschweigend geduldet haben.« (...)*

Mit dieser Meldung ist die nächste Runde im Rennen um Schlagzeilen eröffnet. Wieder versucht Born, das Magazin vor sich herzutreiben. Diesmal allerdings wehrt es sich vehement und geht mit einer drastischen Presseerklärung in die Offensive:

> *(...) Als »absurdes Sammelsurium unwahrer Schutzbehauptungen« hat stern TV die Anschuldigungen von TV-Fälscher Michael Born zurückgewiesen, stern TV-Mitarbeiter hätten von seinem Betrug gewusst. (...) stern TV-Chefredakteur Andreas Zaik (...) betonte, dass er das nötige Geschick und die kriminelle Energie habe, »um Kollegen und Öffentlichkeit in die Irre zu führen«.*

Die Abwehrmaßnahme glückt: Nur einzelne Tageszeitungen berichten über Borns Anfeindungen im *Playboy*. Zeitgleich erhält *stern TV*-Anwalt Seibert den Auftrag, auf juristischem Wege gegen die Behauptungen vorzugehen.

Mittwoch, 26. Juni 1996

Haftprüfungstermin am Oberlandesgericht Koblenz: Zwar sehen zu diesem Zeitpunkt bereits Gericht und Staatsanwaltschaft Koblenz die »uneingeschränkte Glaubwürdigkeit der Redaktionen« als fraglich an. Sie gehen aber nicht so weit, eine Mittäterschaft zu behaupten. Die Staatsanwaltschaft Koblenz erhebt Anklage gegen den mutmaßlichen TV-Fälscher. Danach legt sich das Sommerloch über Deutschland.

Mittwoch, 18. Juli 1996

Ein Bundesland nach dem anderen startet in die Ferien. Jauch moderiert die letzte Ausgabe seines Magazins vor der Sommerpause. An diesem Tag erzielt die Redaktion einen ersten Punktsieg gegen Born: Das Landgericht Köln untersagt ihm und dem *Playboy* in einer einstweiligen Verfügung, insgesamt dreizehn unzutreffende Behauptungen weiter aufzustellen.

Mit halbwegs guter Laune – auch die Klage von *IKEA* konnte zwischenzeitlich abgewendet werden – begibt sich die Redaktion bis August in die Pause und Jauch auf die Reise zu den Olympischen Sommerspielen in Atlanta, seinem letzten großen Engagement für das *ZDF*.

Born wäre nicht er selbst, würde er nicht alles daransetzen, dass das Thema bei den Medien auf der Agenda bleibt. Er entschließt sich, Ende Juli aus der Justizvollzugsanstalt heraus Strafanzeige gegen Zaik sowie den stellvertretenden Chefredakteur des Münchener Senders *Pro7*, Michael von Dessauer, zu stellen. Darin wirft Born den beiden Journalisten »Betrug zum Nachteil von Fernsehanstalten« vor, da sie von Manipulationen an Beiträgen gewusst, die Ausstrahlung aber nicht verhindert hätten.

Obwohl er Beschuldigungen aus allen Rohren feuert, geht seine Taktik diesmal nicht auf. Selbst in der nachrichtenärmsten Zeit des Jahres soll es bis kurz vor Prozessbeginn dauern, bis andere Medien von seinen Strafanzeigen Wind bekommen und darauf einsteigen.

Born gerät zunehmend ins Abseits. Sogar Freunde, mit denen er jahrelang in seinen manipulierten Beiträgen zusammenarbeitete und die deswegen bald mit ihm auf der Anklagebank sitzen werden, lassen den TV-Kujau fallen. Sie entwerfen ihre eigenen Strategien zur Verteidigung und suchen Distanz. Isoliert stellt Born Strafanzeigen gegen Mittäter, die früher seine Helfer waren.

Montag, 5. August 1996

Und was passiert bei *stern TV*? Die Redaktion bereitet eine Jubiläumssendung vor und feiert am 28. August die 300. Ausgabe. Das per PR-Mitteilung angekündigte Jubiläum stößt auf eine große, aber zugleich kritische Resonanz in der Presse. Es bleibt indes charakteristisch für den Umgang von *stern TV* mit dem Skandal – zugegeben dem unrühmlichsten Kapitel in der langjährigen Geschichte des Magazins –, dass dieser in der Jubiläumssendung schlicht und ergreifend keine Rolle spielt.

Dabei hätte Jauch reinen Tisch über die mehr oder weniger subtil gefertigten Fälschungen machen können. Die Anklageschrift liegt vor. Warum nutzt er nicht die Gelegenheit zu einer Zeit, in der auch in den Redaktionsstuben sommerlicher Müßiggang vorherrscht, den ersten von Born im Frühjahr 1991 angekauften Beitrag über Diebesbanden, die angeblich Häuser in den neuen Bundesländern ausplündern, als Totalfälschung zu bedauern?

Was hält ihn davon ab klarzustellen, dass der angebliche Drogenkurier, den ein Film im September 1992 beim Schmuggel von Kokain aus Deutschland in die Schweiz zeigt, in Wahrheit ein bezahlter Born-Statist und die angebliche Droge Puderzucker war?

Wieso erwähnt der Moderator nicht, dass das Bildmaterial in dem Beitrag aus Bethlehem, der im Oktober 1992 die Situation im Heiligen Land vor Weihnachten darstellte, nicht koscher war?

Oder dass Born im Juni 1993 ein Interview in einem Film über Umweltschäden durch eine Lahnsteiner Chemiefabrik keineswegs mit einer vorbeikommenden Spaziergängerin führte, sondern mit einer seiner Bekannten inszenierte?

Wieso klärt er sein Publikum nicht auf, dass Born die angebliche Herstellung einer Bombe in einem im Juni 1994 angekauften Beitrag über Bombenbastler der kurdischen Arbeiterpartei PKK in den Räumen eines Asylbewerberwohnheims in Koblenz drehte. Dass der Sprengstoff aus Fensterkitt in einer Marlboro-Schachtel bestand und die Außenaufnahmen nicht in der Türkei, sondern mit albanischen Tagelöhnern in Griechenland gedreht wurden?

Und warum informiert niemand die Zuschauer darüber, dass auch Teile des im Oktober 1994 unter dem Titel »Drogenkröte« ausgestrahlten Beitrags, in dem ein angeblich Betäubungsmittelabhängiger das halluzinogene Sekret der »Colorado-Kröte« zu sich nimmt, Humbug waren?

Präjudizierend wären all diese Eingeständnisse in eigener Sache nicht gewesen. Jauch hätte zwar Schwachstellen in seiner Redaktion einräumen müssen. Aber solche Selbstkritik mit dem Ziel, verloren gegangene Glaubwürdigkeit zurückzugewinnen, zählte anscheinend immer noch nicht zu den Strategien des Starmoderators.

Nach der Rückkehr von den Olympischen Sommerspielen in Atlanta lässt er sich in der Jubiläumsausgabe von Co-Moderatorin Amelie Fried vertreten.

In der Redaktion legt die Sommerhitze den Elan für journalistische Höchstleistungen lahm: Ob »Probleme der Bahn beim Nachtexpress« oder »gefährlicher Wracktourismus in der Ostsee«, die Jubiläumssendung bietet thematisch Altbekanntes.

Freitag, 30. August 1996

Zum groß angekündigten Jubiläum hätte man mehr erwarten können, so der Tenor des von der Sendung enttäuschten Kritikers der *Westdeutsche Allgemeinen Zeitung* zwei Tage später:

> *(...) Bleibt der Beitrag über Kinderpornografie: Früher, bevor die Sache mit »stern TV«-Mitarbeiter und Fälscher Michael Born herauskam, hätte ich dem Beitrag mehr getraut. Reporter konfrontieren die Besteller von Kinderporno-Kassetten mit ihren Aufträgen und zeichneten selbst noch Gespräche mit den Eltern Pädophiler auf. Da kommen mir Zweifel. (...)*

Die Zeilen beweisen: Der Skandal schwelt weiter, im Kollegenkreis haben sich generelle Vorbehalte an der Authentizität der *stern TV*-Beiträge festgesetzt. Eine alarmierende Entwicklung, kurze Zeit bevor der Medienprozess des Jahres beginnt.

Prozessauftakt, 5. September bis 23. September 1996

Donnerstag, 5. September 1996

Knapp zwei Wochen vor dem Startschuss der gerichtlichen Aufarbeitung läuft sich die Presse allmählich wieder warm. Den Beginn macht die auflagenstarke Programmzeitschrift *TV Spielfilm* aus der Hamburger *Verlagsgruppe Milchstraße* mit der Meldung, der TV-Fälscher wolle vor Gericht die Sender mit neuen Enthüllungen belasten:

> *(...) Erst gab Born die Verfälschungen teilweise zu, dann beschuldigte er das Team von »stern TV«, bei den Manipulationen mitgemacht zu haben. »Wir sind diesen Vorwürfen nachgegangen, haben aber keinen Anhaltspunkt gefunden, dass die Redaktionen von den Verfälschungen wussten«, versichert der Leitende Oberstaatsanwalt Norbert Weise. Jauch kann also*

mit ruhigem Gewissen nach Koblenz fahren, wo er als Zeuge geladen ist. (...)

Wird Jauch tatsächlich so beruhigt nach Koblenz fahren können? Die Staatsanwaltschaft bestätigt zwar, keine Anhaltspunkte für Mitwisserschaft gefunden zu haben. Aber was, wenn Born tatkräftige Beweise dafür in der Hand hat, dass die Sender, und insbesondere *stern TV*, Leichen im Keller haben? Auf Szenarios wie dieses und entsprechende Gegenstrategien bereitet sich *G+J* vor. Die Juristen im Konzern wissen ebenso wie die Koblenzer Justiz, dass die Dauer und Brisanz des Prozesses im Wesentlichen von Born abhängen. Sollte er ein umfangreiches Geständnis ablegen, könnte er das Verfahren abkürzen. Einige der neunundsiebzig von der Staatsanwaltschaft benannten Zeugen müssten dann nicht mehr persönlich vor Gericht erscheinen – darunter auch Jauch, der für Oktober geladen ist. Dazu ist Born allerdings keineswegs bereit.

Seit einem Dreivierteljahr geben sich mutmaßlicher Täter und angebliches Opfer in der Öffentlichkeit mit gegenseitigen Vorwürfen und Beschuldigungen die Blöße. Während Jauch und Zaik mittlerweile wieder ihrem Alltagsgeschäft nachgehen beziehungsweise sich auf den Tag ihrer Vernehmungen vorbereiten, sieht die Situation für Born grundlegend anders aus. Wenn die Promis dem TV-Kujau im Prozess gegenüberstehen, werden sie Schwierigkeiten haben, ihn wiederzuerkennen. Der einstige Kriegsreporter, der vielen Kollegen wegen seiner beinahe 100 Kilogramm Körpergewicht und seines Vollbarts als imposant und etwas schmuddelig in Erinnerung ist, hat in den neun Monaten Haft 49 Kilo Gewicht verloren.

Samstag, 14. September 1996

Der Skandal um das Magazin in der Fake-Falle zeigt zu diesem Zeitpunkt wesentlich mehr Wirkung als ein simpler Betrugsprozess. Denn die Zahl der indirekt Geschädigten geht in die Millionen: Viele Zuschauer nahmen das, was sie gezeigt bekamen, für bare Münze – und saßen einem Mix aus halbwahren oder schlichtweg erfundenen Storys auf.

Es ging in dem Verfahren also um die Glaubwürdigkeit des Mediums Fernsehen schlechthin. Dies wussten die TV-Macher aller Sender, die im Laufe der Verhandlung als geladene Zeugen Born gegenüberstehen werden. Sie wissen zu dem Zeitpunkt gleichzeitig, dass der Prozess um den TV-

Autor aus Lahnstein zwangsläufig den Blick auf die Realität ihres Mediums lenken wird, das ohne Inszenierung nicht auskommt. Eine Zwickmühle. Denn die Wirkung des Fernsehens hängt vom Glauben der Zuschauer ab, dass das, was sie sehen, realistisch sei. Die nächsten Wochen werden sich für viele Zeugen zu einer Nervenprobe entwickeln.

AFP macht mit der Meldung über den bevorstehenden Prozessauftakt die Runde durch die Presse:

> *(...) Ein Tatvorwurf wird indes in Koblenz fehlen. »Betrug am Zuschauer ist rechtlich nicht fassbar«, sagt der Leitende Oberstaatsanwalt Norbert Weise. So steht vor allem der Verdacht des Betrugs an den TV-Machern im Mittelpunkt. (...)*

Laut Strafgesetzbuch drohen Born bereits bei einer Verurteilung wegen Betrugs in einem Fall bis zu fünf Jahre Haft.

Montag, 16. September 1996

Dann ist es so weit: Born wird wegen Betrugs und anderer Delikte vor der 12. Strafkammer am Landgericht Koblenz angeklagt. Dreiundzwanzig Fakes soll er zwischen 1990 und 1995 produziert und an öffentlich-rechtliche wie private Magazine und Sender verkauft haben.

Insgesamt listet die Anklage 45 Straftaten auf, für die er und drei mitangeklagte Helfer verantwortlich sein sollen: Sie reichen von vergleichsweise harmlosen Delikten wie Fahren ohne Führerschein über das grundlose Töten einer Katze und illegalem Waffenbesitz bis hin zu Volksverhetzung. Hauptanklagepunkt: Betrug zum Nachteil von TV-Sendern mit einem Schaden von 350.000 Mark.

Die *G+J*-Strategen in Verlagsleitung und Justiziariat haben angesichts des unerfreulichen Verlaufs des Skandals im Frühjahr die Zwischenzeit dazu genutzt, auf mögliche, durch den Prozessverlauf hervorgerufene, Krisen reagieren zu können. Sie wollen insbesondere das Risiko von Widersprüchen ausschließen und haben sich zu einer ungewöhnlichen Maßnahme entschlossen: Konzernmitarbeiter, die wie etliche Journalisten den Prozess von der Pressebank aus verfolgen, werden alle Zeugenaussagen dokumentieren und *stern TV* zur Verfügung stellen. Die Frage, ob es Born mit seinen Attacken weiterhin gelingt, das Magazin zu demontieren, schwebt nach wie vor bedrohlich im Raum. Die *Berliner Zeitung* von *G+J* macht zum ersten Prozesstag Stimmung gegen den Angeklagten:

> *(...) Michael Born will richtig auspacken. Der Fernsehjournalist (...) Will über Macher, Mitwisser und Methoden berichten. (...) Zu erwarten ist also, dass der 37-jährige versucht, die prominenten Zeugen wie Günther Jauch (...) aus dem Zeugenstand neben sich auf die Anklagebank zu hieven. Doch seine Chancen stehen schlecht. (...)*

Woher die Information stammt, ist offen, die Absicht dahinter eindeutig: Lesen Born und sein Anwalt den Artikel, dürfte ihr Verhältnis schon am ersten Prozesstag einer Belastungsprobe ausgesetzt sein – psychologische Kriegsführung pur.

> *(...) Schon vor Monaten wählte Born vorsichtige Formulierungen, (er) habe »subjektiv« den Eindruck gehabt, dass »stern TV« »Nachbesserungen« gefordert habe. Im Vorfeld des Prozesses ist durchgesickert, dass die Verteidigung keine Chance mehr sieht, Redakteure als Mitwisser zu enttarnen. (...)*

An diesem ersten Prozesstag wirken Angeklagter und Verteidiger allerdings keineswegs demotiviert. Zumal das, was sich um das Landgericht herum ereignet, für die Provinzstadt Koblenz an Einmaligkeit kaum zu übertreffen ist. Ob Agenturen, Fernsehen oder Hörfunk – der Run auf das Medienereignis des Jahres ist gigantisch. Für die Dauer des Prozesses haben einige überregionale Tageszeitungen, darunter die *SZ*, *FAZ* oder *Die Tageszeitung (taz)* aus Berlin, eigene Beobachter abgestellt.

Auch im Verhandlungssaal 102 vor der 12. Großen Strafkammer haben sich die Gerichtsdiener ins Zeug gelegt. Bildgerecht für zwei Dutzend Fotografen und Kameraleute haben sie eine Vielzahl von Requisiten aus Born-Filmen als Beweismittel inszeniert. Darunter Bomberjacken, T-Shirts der US-Extremistenorganisation »Church of the Aryan Nations«, selbst genähte Kutten des Ku-Klux-Klan, eine NS-Flagge und Berge von Videokassetten.

Um 9.30 Uhr betritt Born wie ein Schwerverbrecher den Gerichtssaal – Blitzlichtgewitter. Ein makabres Szenario: Das Gericht, das über ihn urteilen wird, setzt den Prozess selbst in Szene. Es liefert bildintensive Aufnahmen eines Angeklagten, der weniger Skrupellosigkeit ausstrahlt, als Mitleid auslöst. Bis auf die Knochen abgemagert sitzt Born wie ein Häufchen

Elend dem Vorsitzenden Richter Ulrich Weiland gegenüber, hinter ihm die Mitangeklagten. Geschlagene neunzig Minuten braucht Staatsanwalt Walter Schmengler, um die Anklageschrift in allen Punkten zu verlesen. Das Publikum hat dabei immer wieder Mühe, ernst zu bleiben.

Dienstag, 17. September 1996

Details der drehbuchreifen Szenerie mit Showcharakter können Leser am nächsten Tag in zahlreichen Artikeln nachlesen, wie etwa in *Bild*:

> *(...) Jetzt sitzt der Fälscher vor dem Richter. (...) Blass hört er, wie der Staatsanwalt die Anklage verliest. (...) Eines der Märchen: »Skinheads topfen die Urne des Neonazis Michael Kühnen auf einen Heldengedenkfriedhof um.« Gelächter im Publikum. Selbst Richter Ulrich Weiland gluckst. Mit jedem Lacher wird Born sicherer. (...)*

Vor TV-Kameras und Fotoapparaten steht er im Zentrum seiner eigenen und letzten Skandalgeschichte. Unfreiwillig oder mit Kalkül – Born, dem es bei den Fakes nie um Geld gegangen sei, wirkt wie eine Persönlichkeit, die ein zwiespältiges Verhältnis zur Realität hat. Die *taz* schreibt:

> *(...) Schon in seiner ersten Einlassung (...) gab er offen zu, für diverse Sender diverse Fakes produziert zu haben. Aber alleine schon an der Schnitt-Technik hätten gestandene Fernsehjournalisten erkennen müssen, dass ihnen »Spielfilme« vorgeführt worden seien. Born: »Nach der Authentizität hat aber nie einer gefragt.«*

Seine Story über das »autonome Umtopfungskommando« nennt er Satire, die *Spiegel TV* auch als solche gesendet habe, nur *stern TV* nicht. Das »Türken« von Beiträgen gibt der TV-Kujau zu, mehr nicht. Vom Gegenteil ist die Anklage überzeugt. Betrogen habe Born die Sendeanstalten mit seinen Filmen, sagt der Staatsanwalt. Denn wenn die verantwortlichen Redakteure gewusst hätten, dass ihnen Totalfälschungen oder mit nachgestellten Szenen aufgefrischte Archivaufnahmen angeboten worden seien, hätten sie das Material nie gekauft.

Born ist der traurige Held im Gerichtssaal. Naiv weiht der Fälscher Juristen und Publikum im Saal in das Einmaleins seiner inszenierten TV-Realität ein: Beiträge zu erfinden und mit bezahlten Komparsen und selbst gebastelten Requisiten aufzupeppen sei ein gängiges Hilfsmittel in der Branche, sagt er. Hier stapele jeder hoch.

Derweil sucht er immer wieder nach Verbündeten im Saal, zwinkert Journalisten auf der Pressebank zu und übt den Schulterschluss gemäß des Mottos: Es sei doch bekannt, dass das Fernsehen die Leute betrüge. Warum soll ich dafür bestraft werden?

So etwa für die Räuberpistole über Auseinandersetzungen im Grenzgebiet zwischen Griechenland und Albanien, die der TV-Kujau für 5.000 Schweizer Franken an das schweizerische *DRS* verhökerte. In der »Totalfälschung«, so nennt es die Staatsanwaltschaft, schießen griechische Dorfbewohner auf albanische Flüchtlinge. Tatsächlich ballert sein aus Griechenland stammender Kumpel Georgios C. in die Luft. Gemeinsam legten sie auch die angeblichen Blutspuren am Stacheldrahtzaun der Grenze – keine echten, sondern mit Ketchup.

Anscheinend besteht bei den Juristen Nachholbedarf in Sachen Medienkompetenz, sie wissen wenig über die Praktiken im TV-Geschäft. Wie von den Schüssen, die in TV-Berichten aus Kriegsgebieten immer wieder zu hören sind und die der Öffentlichkeit von der *Frankfurter Rundschau* beschrieben werden:

> *(...) Der Schuss war ein »Fünf-Dollar-Schuss« nach Regieanweisung des Kameramanns (...) und die zwei Albaner-Jungen, die an einem Hoftor in einem Dorf an der griechisch-albanischen Grenze rüttelten, leben normalerweise friedlich auf einen Bauernhof in dem kleinen griechischen Ort. (...) Der Filmautor (...) wollte die Bilder über die Schwierigkeiten im Grenzgebiet »ein bisschen dramatischer machen«. (...)*

Während Born seine Inszenierungen dem Gericht und dem Publikum als eine Verschwörung von skrupellosen Journalisten, denen es beim Ankauf des gefälschten Materials vornehmlich um die Sensation gegangen sei, verkauft, sieht er in seinen Taten eher Kavaliersdelikte. Dies beurteilt sein ehemaliger Kumpel und Mitarbeiter anders. So harmlos, wie sich Born darzustellen versuche, sei der TV-Kujau nicht, zu dessen Strategie es gehörte, den Anklagevorwurf auf möglichst viele Mitwisser und Helfer zu verteilen. »Auf authentische Action«, so der Mitangeklagte Georgios C., »wollte Born nicht warten.«

Die Äußerung macht klar: Den Ex-Komplizen Borns haben die langen Monate der Prozessvorbereitung zermürbt. Borns Verteidigungslinie bleibt indes unverändert: nur das zu bestätigen, was ihm ohnehin nachgewiesen werden kann.

So beteuert er, authentische Bilder vom Ku-Klux-Klan aus den USA geliefert zu haben, zudem ein Interview mit dem Neonazi Bela Althans. Aber das Material habe *stern TV* nicht gereicht, als er das Thema vorstellte: »Und wo bleibt der Mummenschanz?« Auf dramatische Aufnahmen mit Deutschlandbezug habe die Redaktion bestanden, sagt Born, der zu diesem Zeitpunkt beträchtliche finanzielle Vorleistungen in die Produktion gesteckt haben will.

»Das Problem bei Ihnen ist«, sagt Weiland, »dass an den Filmen immer etwas Wahrheit dabei ist.« Es gebe PKK-Bombenanschläge, ebenso rechtsradikale Umtriebe. »Aber das, was sich wirklich abspielt, können Sie gerade nicht filmen. Dann stellen Sie es einfach nach.«

Born behauptet dagegen, er sei in die Inszenierung getrieben worden. Und gibt zu, dass es sich bei dem Treffen des Ku-Klux-Klans in der Eifelhöhle bei Mendig nicht um angebliche deutsche Sympathisanten des rechtsradikalen US-Geheimbundes gehandelt habe, sondern um bezahlte Laiendarsteller aus seinem Freundeskreis.

Das Ergebnis zeigte *stern TV* dann im September 1994 in einem Beitrag, in dem Klan-Mitglieder in Kapuzen ein Kreuz verbrennen, mit der Ermordung von Juden drohen und skandieren: »Halb Frankfurt gehört den Juden«. Born kassierte für die rechtsextreme Rollenprosa mit Volksverhetzungsanteilen knapp 30.000 Mark. Seine Behauptung, er habe Aufklärung über die rechte Gefahr leisten wollen, schmettert das Gericht später mit dem Hinweis auf Nachahmungsgefahr ab.

Sein Anwalt, Norman F. Jacob, möchte Born durch Beispiele entlasten, die belegen, dass kein kritischer Redakteur die inszenierten Beiträge hätte durchgehen lassen dürfen. Er beantragt, den damals pensionierten und profilierten *WDR*-Journalisten Claus Hinrich Casdorff als »medienwissenschaftlichen Gutachter« hinzuzuziehen. Ein taktisches Manöver. Denn Casdorff hatte weder als Chef des Magazins *Monitor* noch zu seiner Zeit als Chefredakteur des Regionalfernsehens jemals etwas mit freien TV-Produzenten oder Sensationsgeschichten zu tun. Trotzdem gibt das Gericht dem Antrag statt.

Über den Prozessauftakt berichten bundesweit fast alle Tageszeitungen. Die *Rhein Zeitung* als Lokalblatt fasst den ersten Prozesstag, an dem der Filmfälscher vergleichsweise geschickt agierte, zusammen und kommentiert:

> *(...) Er hatte die Lacher auf seiner Seite, als er die (...) hanebüchene Story über die Asche des toten Neonazis Michael Kühnen erzählt. Doch bei allem Unterhaltungswert, den dieser Prozess noch bieten wird (...) bei allem »Spaß« am Einfallsreichtum des 38-jährigen bleibt ein Beigeschmack, der bitterer nicht sein könnte: Was können die Zuschauer dem Fernsehen noch glauben? (...) Darüber sollten die Chefredakteure der TV-Sender dringend nachdenken. Und die Vertreter anderer Medien am besten gleich mit. (...)*

Eine Frage, mit der sich Jauch und Zaik nicht erst seit dem Prozessbeginn immer wieder auseinandersetzen müssen. *Die aktuelle*, ein Regenbogenheftchen, das in der Regel eher ein unkritisches Verhältnis zur Prominenz hat, stellt den Ruf des Moderators zur Disposition und zeigt gleichzeitig, wie sehr Medien den Auftritt Jauchs vor dem Koblenzer Landgericht herbeisehnen:

> *(...) Günther Jauch (40) spielt gerne den Moralapostel. (...) Und weil dem angeblich so ehrenwerten TV-Star Promis (...) egal sind, hat er jetzt beim ZDF gekündigt. Jauch will den Jahresrückblick »Menschen« (...) nicht mehr moderieren. Grund: Im letzten Jahr hätten sich zu viele Ehrengäste die guten Plätze in den ersten Reihen gesichert und damit die normalen Zuschauer auf die hinteren Stühle verdrängt. (...) Doch können wir Günther Jauch noch glauben? (...) Jauch, nur ein Scheinheiliger mehr im Fernsehen? (...)*

Zwar ist das Verhältnis zwischen dem *ZDF* und Jauch im Zuge des Skandals abgekühlt, doch liegen die tatsächlichen Gründe für die Entscheidung wohl woanders: Er dürfte sich entschieden haben, ab Ende 1996 exklusiv die Moderation für den *RTL*-Jahresrückblick »Menschen, Bilder, Emotionen« zu übernehmen.

Montag, 23. September 1996

Am zweiten Prozesstag um 8.30 Uhr, eine Stunde früher als üblich, werden vor der Vernehmung der ersten Zeugen alle Fakes Borns im Gerichtssaal gezeigt – darunter auch die Beiträge für *stern TV*.

Nun verwandelt sich der Gerichtssaal vollends zur Bühne für den TV-Kujau. Born ist in seinem Element. Professionell bedient er die Videoanlage, die seine Fakes über die Bildschirme flimmern lässt. Immer auf der Suche nach den Einstellungen, die zeigen sollen, dass er kein authentisches Material lieferte.

In mehreren Sequenzen weisen Born und sein Verteidiger auf »logische Brüche« hin, um zu konstruieren, dass Redakteure Fälschungen billigend in Kauf genommen hätten. Am Beispiel eines Films über den Drogenkurier, der fünf Kilo Kokain, tatsächlich Zucker in Plastikbeuteln, von Frankfurt nach Basel brachte, erläuterten sie, dass ein Kurier die Ware bei der Übernahme testet. Im Film passierte das aber erst Stunden später in einem Waldstück an der Autobahn.

Und natürlich sei das Stück über kurdische Bombenbastler mit Statisten gedreht worden. »Welcher Bombenbastler lässt sich schon bei seinen illegalen Tätigkeiten filmen«, fragt Born dreist.

Er beteuert, außer ihm stellten auch andere Journalisten Filmszenen nach oder verwendeten Archivmaterial, ohne dies kenntlich zu machen. Immer wieder unternimmt Born den Versuch, Redakteure in TV-Magazinen für seine Fakes mitverantwortlich zu machen. Schuldig im Sinne der Anklage, die ihm objektive Fälschung mit subjektivem Vorsatz zum Betrug unterstellt, bekennt er sich nach wie vor nicht.

Dass sich *Spiegel*-Chef Stefan Aust nicht zur Marionette der Inszenierung vor Gericht heranziehen lassen würde, steht außer Frage. Wenige Tage vor seiner Zeugenaussage am 2. Oktober klärt er in seinem Heft für die Öffentlichkeit die Fronten zu Born, der dem Magazin 1990 einen Film mit dem Interview eines Asylantenschleppers angeboten hatte, der eine libanesische Familie illegal von Frankreich nach Deutschland schleust. Born behauptet, der Fall sei echt gewesen:

> *(...) Schönheitsfehler: Der im Film vermummt auftretende Schlepper war Born selbst. (...) Spiegel TV verwendete nur einen Bruchteil dieses Born-Materials, erschienen doch einige seiner Konditionen allzu seltsam. Er*

weigerte sich zum Beispiel, einem Redakteur Einsicht in die Aktion zu gewähren; er lieferte, was als unüblich gilt, bereits geschnittenes Rohmaterial, auf dem der Schlepper nur verdeckt zu sehen und die Stimme verzerrt war. (...)

Aust verzichtet nicht auf eine Spitze in Richtung *stern TV* und verlagert dabei geschickt den Fokus auf das Konkurrenzmagazin:

(...) Die Frage aber, warum ausgerechnet »stern TV« als Borns Hauptabnehmer zwölfmal auf seine Schwindel-Produkte hereinfiel (und damit sämtliche privaten Programme in Verruf brachte), wird sich vor Gericht kaum klären lassen. (...)

Sie wird indes bald an Jauch gestellt, der sämtliche Interviewwünsche vor seiner Zeugenvernehmung strikt ablehnt.

Schmierenkomödie, 25. September bis 14. Oktober 1996

Mittwoch, 25. September 1996

Am fünften Prozesstag kommt es in Koblenz zum ersten Massenauflauf der TV-Prominenz. Angereist sind neben anderen *ZAK*-Moderator Friedrich Küppersbusch und *Pro7*-Chefredakteur Gerd Berger, dem Born kurz nach einem Attentat auf die Moderatorin Arabella Kiesbauer im Juni 1995 vergeblich ein Interview mit dem vermeintlichen Bastler einer Briefbombe anbot. Berger versucht das Image seiner Zunft zu retten: »Alle Magazine haben ein Kapital, das ist die Glaubwürdigkeit«, sagt er und gibt sich ansonsten arglos: »Ich habe bei Born nie Zweifel gehabt. Fälschungen hätte ich nie für möglich gehalten«, erklärt Berger, der von 1990 bis 1992 auch Chef bei *stern TV* und davor verantwortlich für *ZAK* war.

Eine Fälschung hatte auch sein früherer Redaktionskollege Küppersbusch zunächst nicht ausschließen wollen, als er Borns Beitrag über Asylantenschlepper zum ersten Mal anschaute. Der am 1. Juni 1991 gedrehte Film zeigt, wie vier schiitische Kurden aus dem Irak über den verschneiten österreichisch-deutschen Grenzübergang Rossfeld bei Salzburg fliehen. Schnee im Sommer? Das kommt der *WDR*-Redaktion seltsam vor.

Born beteuert zwar, der Beitrag sei in 1.800 Metern Höhe gedreht worden. Trotzdem erkundigt sich ein *ZAK*-Redakteur parallel beim Wetteramt in Österreich. Die Auskunft: Es hat in der hochgelegenen Region wirklich geschneit. Ein meteorologischer Zufall. Die Redaktion ist beruhigt und nimmt den Beitrag in die Sendung. »Ich beiße mir heute noch ins Bein, dass uns das mit dem Wetteramt passierte«, zitiert die *Rhein Zeitung* Küppersbusch am nächsten Tag.

Denn das Team des *WDR*-Satiremagazins und sein Publikum werden gelinkt. Nach der Ausstrahlung reklamieren aufmerksame Zuschauer, die angeblich exklusiven Bilder bereits an anderer Stelle gesehen zu haben – nämlich bei *Tele 5*, dem Münchner Minisender aus dem Kirch-Imperium.

Allerdings geht Küppersbusch zu diesem Zeitpunkt davon aus, von dem TV-Fälscher bloß kaufmännisch getäuscht worden zu sein. Trotzdem habe er anschließend alle *ARD*-Anstalten vor Born in einer Schaltkonferenz gewarnt. Die *taz* war in der Vernehmung anwesend:

> *(...) Als Küppersbusch dann noch anmerkte, dass über eine freundschaftliche Beziehung eines Redakteurs von Zak zu einem Mitarbeiter von Stern TV auch die private Konkurrenz Wind vom windigen Filmemacher bekommen haben könnte, spitzte Borns Verteidiger die Ohren: Denn dann hätte die Redaktion von Stern TV durchaus wissen können, dass ihr aufbereitetes Altmaterial oder komplette Fakes angeboten wurden. (...)*

Anwalt Jacob stellt an diesem Tag den Antrag, seinen Mandanten gegen eine Kaution von 40.000 Mark aus der U-Haft zu entlassen. Fluchtgefahr bestehe nicht, weil er die Konsequenzen aus seiner Zeit als Fernsehjournalist ziehen wolle. Das Gericht wird den Antrag in der folgenden Woche ablehnen, weil aufgrund der zu erwartenden Höhe der Haftstrafe – am Rande des Prozesses ist bereits von über vier Jahren die Rede – akute Fluchtgefahr bestehe.

Freitag, 27. September 1996

Natürlich stehen die Aussagen der ersten TV-Prominenten im Zentrum der überregionalen Tageszeitungen. Michael Hanfeld, Prozessbeobachter der *FAZ*, konstatiert:

> *(...) Ihre Befragung gestaltet das Bild der Verantwortlichkeiten für das Gericht nicht gerade klarer. Liegt die Verantwortung alleine bei Born, dem Schöpfer der gefälschten Bilder? Haben die Cutter und Redakteure, wie*

Born behauptet, gewusst oder wissen müssen, dass es sich um gestellte Szenen handelte? Scheren sich die Chefredakteure darum, was ihre Mitarbeiter unternehmen, um an Bilder zu kommen? (...)

Zurück bleibt die Zustandsbeschreibung einer Branche, die in eine Falle getreten ist, die sie sich selber gestellt hat. Dann das erste Urteil: Einer von Borns Helfern wird wegen Beihilfe zum Betrug zu 100 Tagessätzen von je 30 Mark verurteilt und aus der Haft entlassen. Übrigens ermittelt zu diesem Zeitpunkt die Kripo Koblenz immer noch gegen mehr als ein Dutzend möglicher Helfer oder Mitwisser.

Mittwoch, 2. Oktober 1996

Über die Frage, wie es Born, dem ehemaligen dritten Offizier auf einer Fähre, dem gescheiterten Zoofachhändler und selbst ernannten Journalisten, gelingen konnte, erfahrene Fernsehredakteure über Jahre hinters Licht zu führen, machen sich auch Redakteure selber Gedanken. Der Kölner *Express* ist konsterniert darüber, dass sich alle, die für den Einkauf der Filme zuständig waren, im Zeugenstuhl wanden:

(...) »Die Überzeugung, dass alles so stimmte, fehlte bei uns«, erklärte Hilmar Rolff, Magazinchef bei RTL. Viele Beiträge des freien Journalisten seien gekauft, aber nie gesendet worden. Aber: Bis zu 28.750 Mark zahlten die Kölner pro Beitrag - weil man später noch mit Born Geschäfte machen wollte. (...)

Ebenso wenig erkenntnisreich sind die Aussagen von *Spiegel*-Chef Stefan Aust, der sich in der komfortablen Lage befindet, dass sein Magazin nie eine komplette Reportage Borns gesendet, sondern nur mit Sequenzen des Materials gearbeitet hatte. Zweifel an der Echtheit der Bilder hatte er beim Beitrag über das »autonome Umtopfungskommando«. Darin wird, wie erwähnt, über den Verbleib der Urne mit der Asche des verstorbenen Neonazis Michael Kühnen spekuliert: Neonazis hätten vor laufender Kamera dessen Urne auf dem Friedhof von Kassel ausgegraben und dann an anderer Stelle versteckt. Gleichzeitig zeigt *Spiegel TV* aus Gründen der Ausgewogenheit den Kühnen-Nachfolger und dessen frühere Verlobte, die ebenfalls eine Urne ausgegraben und an einem sicheren Ort verwahrt haben wollen.

Aust: »Der Bericht hatte satirischen Charakter.« Danach verabschiedet er sich aus dem Gerichtssaal.

Richtig spannend für Gericht und Publikum und richtig unangenehm für *stern TV* wird es dann bei der Aussage von Manfred Hering, der bis 1994 für das Magazin arbeitete. Er hat gemeinsam mit dem Angeklagten mehrere Reportagen für Günther Jauchs Sendung produziert. Born wirkt bei der Vernehmung Herings sichtlich nervös. Er wühlt in Prozessakten, flüstert immer wieder seinem Anwalt Jacob Sätze ins Ohr. Sicherlich wird er dabei erwähnt haben, Hering habe ihm bei seinen Manipulationen Hilfestellung geleistet. Ein Gerücht, das seit der *Frontal*-Sendung im Februar unkommentiert im Raum steht. Eines, das bislang wie eine Schutzbehauptung Borns wirkte, letztlich jedoch substanzlos blieb.

Herings Aussagen werfen jetzt aber erstmals einen dunklen Schatten auf die redaktionelle Praxis in den Büros des Politmagazins. Denn an Details der Zusammenarbeit mit Born mag er sich kaum erinnern, obwohl er ihn einmal bei den Dreharbeiten begleitete und ein anderes Mal beim Schnitt eines Films beaufsichtigte.

Zunächst der Beitrag, in dem *stern TV* einer Lahnsteiner Chemiefirma vorwirft, für eine Bodenverseuchung an den Ufern der Lahn verantwortlich zu sein. Beweisführung: ein an der Wasseroberfläche treibender toter Fisch. Aber der geriet keineswegs zufällig ins Bild, sondern die Sequenz wurde kameragerecht inszeniert. Hering konnte sich partout nicht daran erinnern, um wie viele Meter der Kadaver umplatziert worden sei, um ihn vor das Objektiv zu bekommen. Born behauptet, es seien über hundert Meter gewesen. Hering räumt zunächst ein paar Meter ein, dann zwanzig, dreißig oder gar fünfzig. Weitere Einzelheiten mögen ihm über den Film, zu dem Born bereits gestanden hat, ein Interview mit einer Spaziergängerin gestellt zu haben, nicht in den Sinn kommen.

Dann der Bericht über Unruhen in Bethlehem, in dem keine Aufnahme gestellt, dafür aber nach allen Regeln der Zunft manipuliert wurde. Born drehte 1992 Sequenzen in Bethlehem, Ramallah und Gaza und kaufte von einer israelischen Nachrichtenagentur Aufnahmen eines Bombenanschlags in der Altstadt von Jerusalem hinzu.

Das Logo dieser Agentur ist für einige Sekunden auf dem Rohmaterial zu sehen. Born habe *stern TV* betrogen, so Staatsanwalt Schmengler in seiner Anklage, da er das hinzugekaufte Material als selbst gedreht ausgegeben habe. Born dazu: ein »branchenüblicher« Kunstgriff.

stern TV produzierte aus dem Material einen Film, der einen Bombenanschlag am Geburtsort Christi dokumentieren sollte. Doch wie authentisch ist das Geräusch einer Explosion, wenn die im Moment der Detonation in den Aufnahmen zu sehenden Personen weder zusammenzucken noch Anstalten machen, sich in Sicherheit zu bringen?

Wie dieser Knall in den Beitrag gelangte, wollte der Richter von Hering erfahren. Die Erklärung dafür bleibt der dem Gericht schuldig. Er könne dazu lediglich sagen, dass Born ihm versichert habe, alle Aufnahmen seien authentisch. Da er noch nie in Israel gewesen sei, habe er das nicht überprüfen können. Fast wortgleich antwortet später Jauch auf diese Frage.

Born indes sagt, nicht er, sondern Hering habe den Film gefälscht. Der Ton sei per Geräusch-CD unter die Bilder gelegt worden, um eine Bombenexplosion zu suggerieren. »Dem müsste der Prozess gemacht werden, nicht mir«, fordert der TV-Fälscher.

Woraufhin ihn Richter Ulrich Weiland darüber aufklärt, dass er dies nicht ahnden könne. Denn selbst wenn verantwortliche Redakteure Filmmaterial fälschen würden, wäre das zwar Betrug am Zuschauer, aber strafrechtlich nicht relevant. »Wenn Sie, Herr Born, als freier Produzent ein Magazin betrügen, indem sie gefälschte Filme als authentisch verkaufen, dann ist das aber strafbar.«

Sichtlich erregt fordert daraufhin Borns Anwalt, Hering zu vereidigen, was der Richter mit dem Hinweis ablehnt, es sei möglich, dass sich der ehemalige *stern TV*-Redakteur an einer Straftat beteiligt habe. Er entlässt Hering unvereidigt, weil sich kein Zeuge vor Gericht selbst belasten müsse.

Diesmal lässt sich Jacob allerdings nicht zu einem Protest hinreißen wie noch am 23. September: Da kam es zum Eklat, weil er dem Staatsanwalt vorwarf, die Ermittler hätten Interesse daran, lediglich Fälschungen von Born aufzudecken und nicht solche der Sender.

Donnerstag, 3. Oktober 1996

Der verheerende Eindruck, den Hering nach seiner Entlassung im Gerichtssaal hinterlässt, verfestigt bei den Prozessbeobachtern auf der Pressebank den Eindruck, dass einzelne Redakteure nicht – wie bisher behauptet – ganz unschuldig an den Manipulationen seien.

Auch Staatsanwalt Walter Schmengler reagiert konsterniert: »Redakteure sind in der Regel doch intelligente Leute.« Nach den Aussagen könne er daran selbst nicht mehr so recht glauben.

Gut zwei Wochen vor seiner Zeugenvernehmung erfährt Jauch aus der Presse Tatsachen, die Borns Vorwurf der Mitwisserschaft in einem glaubwürdigeren Licht erscheinen lassen. Die *FAZ* hatte beobachtet, wie sich Verantwortliche bei der Beweisaufnahme über die Umstände, unter denen Borns Fakes zu Stande kamen, verhalten:

> *(...) Dabei wiesen die Chefredakteure und Redaktionsleiter, wie schon an den Verhandlungstagen zuvor, Fragen nach einer eventuellen Mitverantwortung für Borns Fälschungen von sich und delegierten sie an ihre Mitarbeiter, an Redakteure und Cutter. Diese aber konnten sich bisher bei ihren Aussagen an die Einzelheiten, die das jeweilige Entstehen der Filme Borns erhellen könnten, immer dann, wenn es darauf angekommen wäre, nicht erinnern. (...)*

Es kann wohl als sicher gelten, dass *stern TV* sich im Vorfeld des Prozesses mit Hering und anderen ehemaligen Mitarbeitern in Verbindung gesetzt hat, um die Strategie für den Prozess abzusprechen. Denn wann immer es im Koblenzer Landgericht um die Rekonstruktion der Dreharbeiten ging, präsentierten sich die Mitarbeiter des Magazins mit einer Mischung aus exaktem Detailwissen, wenn es um die Belastung von Born ging. Erinnerungslücken traten immer bei Fragen nach der eigenen Rolle zutage.

Für die folgende Verhandlungswoche wurde ein weiterer brisanter Termin anberaumt: die Stellungnahme von Claus Hinrich Casdorff, der als unabhängiger Sachverständiger die manipulierten Beiträge Borns aus medienwissenschaftlicher Sicht beurteilen sollte.

Montag, 7. Oktober 1996

Mit dem Auftritt Herrn Casdorffs rückt eine der Kernfragen in den Mittelpunkt: Hätten die betroffenen Sender und deren Mitarbeiter erkennen können, dass es sich bei Borns Filmen um teilweise oder vollständige Fälschungen handelte?

Casdorff begutachtet mehrere Filme: unter anderem einen in der Rohfassung zum Thema »Okkultismus in Deutschland«. Hier argumentiert er, dass sich Personen beim Grabraub, so wie in dem Streifen gezeigt, niemals filmen lassen würden. Zum Bericht über die Chemiefabrik in Lahnstein räumt er dagegen ein, dass er auch keine Bedenken gehabt hätte, den Beitrag zu senden. Mit Nachdruck widerspricht der TV-Profi, der sechzehn Jahre Chef der *Monitor*-Redaktion war, der Behauptung Borns, gestellte Szenen seien branchenüblich. Allerdings betont er, sein Wissen stamme aus dem öffentlich-rechtlichen Rundfunk und er kenne die Produktionsweise von *stern TV* nicht.

Der *Focus* nutzt nach der Stellungnahme im Gerichtssaal die Gelegenheit für ein Interview mit dem damals 71-jährigen.

Montag, 14. Oktober 1996

Das Ergebnis können Jauch und Zaik an diesem Montag nachlesen. Es zeichnet der Öffentlichkeit ein fragwürdiges Bild ihrer Redaktion:

> *(...) <u>Focus</u>: Warum hat ausgerechnet Stern TV die meisten Fälschungen gesendet? <u>Casdorff</u>: Die genauen Gründe werden sich bald zeigen. Es sind einige Zeugen des Stern TV-Teams geladen, und da bin ich selbst sehr gespannt, was die dazu zu sagen haben. <u>Focus</u>: Müssen sich nun auch einige Redakteure auf einen Prozess wegen Fälschung von Informationsmaterial gefasst machen? <u>Casdorff</u>: (...) Man muss abwarten, was die Stern TV-Leute an Gegenargumenten liefern. (...)*

<u>Im Zeugenstand</u>, 21. Oktober bis 25. Oktober 1996

Montag, 21. Oktober 1996

Eine Woche später stellt sich mit Günther Jauch ein erster Verantwortlicher von *stern TV* den Fragen des Gerichts. Kurz vor ihm bestätigte Michael von Dessauer, stellvertretender Chefredakteur von *Pro7*, die Version seines Chefs Berger – nämlich, dass der Beitrag von Born über ein Briefbombenattentat auf die Moderatorin Arabella Kiesbauer journalistisch »nicht wasserdicht« gewesen sei.

Es ist der Höhepunkt des Prozesses. Denn mit Jauch im Zeugenstand steht die Glaubwürdigkeit des TV-Journalismus. Als er im Eiltempo auf den Zeugenstuhl zuschreitet – erwartet von Filmteams und Journalisten – kann er seine Anspannung kaum verbergen: Ein in die Kritik geratener TV-Star, der einem Millionenpublikum vermutlich unwissentlich vorgetäuschte Wahrheiten als sensationelle Enthüllungen vermittelt hat.

Irritiert verfolgt er das Interesse der Medien an dem TV-Fälscher, der sich gerade zum Inaugurator eines neuen Fernsehjournalismus ausruft. »Wir sind auf dem Weg vom Infotainment zur Infofiction«, postulierte Born, dem Jauch gegenwärtig die bitterste Zeit seiner Karriere zu verdanken hat. Diese Vernehmung muss ihm als dunkles Kapitel in seiner Vita erscheinen. In der vierstündigen Befragung betont er, dass er zu keiner Zeit Zweifel an Borns Integrität gehabt habe. Er sei zwar publizistisch verantwortlich für die Beiträge, die zu seiner Zeit als Chefredakteur ausgestrahlt worden sind. Allerdings habe er diese Position sowieso nur angenommen, weil *G+J* als Produzent von *stern TV* den vorherigen Chefredakteur Gerd Berger habe ablösen wollen. »Es war keine andere Lösung in Sicht als ich«, sagt Jauch.

Es dürfte in der deutschen Medienszene einmalig sein, dass ein ehemaliger langjähriger *ZDF*-Mitarbeiter, Ex-Programmkoordinator der Radiostation »Berliner Rundfunk« und anerkannt erfolgreicher Journalist um Verständnis dafür bittet, Chefredakteur eines der meist gesehenen TV-Magazine geworden zu sein. Wie alle Zeugen nennt der Moderator den TV-Fälscher einen untalentierten Journalisten. Er wollte aber nicht so weit gehen wie Claus-Dieter Clörs von Tele Bremen, der in seiner Vernehmung zu Protokoll gab, er habe bei Born stets »erhebliche Zweifel an der Echtheit seiner Reportagen« gehabt. Denn sie wirkten, als seien sie nach Regieanweisungen gedreht worden.

Jauch betont, dass Born auch Qualitäten gehabt habe. So seien die von ihm im Ausland gedrehten Bilder »ein Gutteil« besser gewesen als jene internationaler Bildagenturen. *stern TV* habe Born Aufträge gegeben, weil er »häufig die letzten zehn Prozent« einer Geschichte geboten habe, die andere Autoren nicht geschafft hätten. *Die Woche* klärt ihre Leser über die Folgen dieses Berufsverständnisses auf:

> *(...) So führt der journalistisch berechtigte Wunsch nach Exklusivität, nach »dem Besonderen« (Jauch) bei freien Mitarbeitern im Privatfernsehen zu Zwängen. Wenn die letzten zehn Prozent fehlten, wurde Born nach eigener Aussage seine Beiträge nicht los. (...) Also lieferte er gefälschte Enthüllungen. Und bis zur Enthüllung war Stern TV zufrieden. Die Redaktion*

bekam Schlagzeilen in den Medien, machte Quote und erzielte Werbeumsatz. (...)

Keiner sei je auf die Idee gekommen, dass die Bilder inszeniert oder komplett gefälscht sein könnten. »Es hat uns nie jemand gewarnt, passt auf, da stimmt was nicht«, sagt Jauch. Auf Nachfrage räumt er doch noch ein, dass sein Magazin relativ früh vom *WDR* über unsauberes Arbeiten von Born informiert worden war. Nämlich nach dem Film, den Born exklusiv an *ZAK* verkauft hatte, der vorher aber schon im Programm von *Tele 5* zu sehen gewesen war. Jauch dazu: Es sei ein »Sport« freier Mitarbeiter, Material zweimal zu verkaufen.

Tagtäglich würden im Fernsehen Szenen nachgestellt, um Text unterlegen zu können, und dabei Archivmaterial verwendet, ohne dies kenntlich zu machen. Das halte er für zulässig. Ebenso, dass es bei *stern TV* gewisse Vorgaben für Beiträge gebe, »was wir uns redaktionell vorstellen«.

Immer wieder betont er, dass ihm bei der Endabnahme der Beiträge nichts aufgefallen sei. Er achte auf die Stimmigkeit des Films, nicht darauf, ob er bis in faktische Details stimmte. Jauch stößt damit auf Unverständnis bei Anwälten und Richter, gerät in Erklärungsnot. Er moderiere frei, mache sich Stichworte bei der Abnahme und sehe den Film erst kurz vor der Sendung, um auf diese Weise den Zuschauer emotional ansprechen zu können: »Aber ich gehe von der Richtigkeit der Fakten aus«, sagt Jauch. Die aus heutiger Sicht augenfälligen Fälschungen seien bei den internen redaktionellen Prüfungen nicht zu erkennen gewesen.

Der *SZ*-Prozessbeobachter Michael Bitala hatte sämtliche Beiträge inklusive Rohmaterial gesehen und war anderer Meinung:

(...) Im Prozess gegen den Fernsehfälscher Born häufen sich die Indizien, dass die Magazinmacher von den Machenschaften wussten, aber das ist offenbar nicht strafbar. (...) Wer (...) das Rohmaterial (...) sieht, der fragt sich, warum die Mitarbeiter von »stern TV« gleich ein Dutzend Beiträge aus diesen chaotischen Filmschnipseln basteln konnten, ohne je Verdacht zu schöpfen. (...)

Auch der angeklebte Bart eines angeblichen Jägers, der Katzen erschießt, sei Jauch entgangen. »Wenn der Bart wissentlich angeklebt war, dann ist das kein Grund, den Beitrag nicht zu senden. Aus gutem Grund werden Leute im Fernsehen unkenntlich gemacht, die unerkannt bleiben wollen«, erklärt der Moderator. Zwischenzeitlich sucht er häufiger Blickkontakt zu seinem juristischen Beistand Winfried Seibert im Publikum. Der kann nicht verhindern, dass sich die Befragung immer mehr zu einer Farce entwickelt. Eine Wende, die auch dem *FAZ*-Beobachter nicht entgeht:

> *(...) Genau hinsehen, was er dem Publikum (...) an Filmbeiträgen bietet, kann der Moderator nicht. Zweitausend Filme, die gesendet worden sind, und noch einmal 300 oder 400 die nicht ins Programm kamen, habe er für Stern TV gesichtet, sagte Günther Jauch (...). Wie soll er da auf solche Kleinigkeiten wie den angeklebten Bart des Forstmanns achten? (...)*

Ob er sich nicht gewundert habe, dass die Personen bei der Bombenexplosion in Bethlehem nicht reagieren? *Die Woche* hält fest:

> *(...) Mit seiner Antwort provoziert der Moderator ungewollt dröhnendes Gelächter im Publikum. »Dort unten kracht es sehr oft, dort haben sich die Leute schon daran gewöhnt.« (...) Jauch zuckt kurz zusammen, wendet sich dem Publikum zu und wiederholt wie abwesend: »Das ist so. Da kracht es eben oft.« Er wirkt verstört über die Heiterkeit in einem Prozess, der seinen Ruf schädigt. (...)*

Der Vorsitzende der Strafkammer insistiert und will wissen, ob er in Borns Rohmaterial keine Unstimmigkeiten erkennen konnte. Jauch: »Ich bin im Grunde noch nie in einem Schneideraum gesessen.« Dafür seien Redakteure, Chefs vom Dienst und Cutter zuständig. Wenn er moderiere, sei er derart unter Druck, dass er sich nicht um das Alltagsgeschäft kümmere. Dieses Eingeständnis wirft einen Blick auf das eigene journalistische Selbstverständnis des Absolventen der Münchener Journalistenschule. In den kommenden Tagen wird er deswegen von einer Welle der Kritik überrollt werden.

Der Anwalt des mitangeklagten Born-Assistenten Peter Martin insistiert und fragt nach, ob er die Richtigkeit der Filme nicht überprüfe. Jauch antwortet gereizt, dass er seiner Redaktion und den Autoren vertraue.

Die *FAZ* bringt ein prozesscharakteristisches Phänomen auf den Punkt: Je genauer nämlich die Fragen nach der Zusammenarbeit mit Born werden, umso mehr verschwimmen die Verantwortlichkeiten. Ergebnis: Am Ende ist niemand für irgendetwas verantwortlich:

> *(...) Der Moderator verlässt sich auf den Chefredakteur, (...) Redakteure und Cutter, und diese verlassen sich auf die Autoren. Und die Zuschauer (...) darauf, dass die Töne nicht verzerrt und die Bilder nicht gestellt sind. Das aber können sie (...) Gerade nicht. (...) Dass seriöser Journalismus dort aufhört, wo Stern TV beginnt, (...) stand in Koblenz leider nicht zur Debatte. (...)*

Nach seiner Entlassung aus dem Zeugenstuhl gibt Jauch auf dem Gerichtsflur spontan eine Pressekonferenz und spricht im Scheinwerferlicht seinen Schlusskommentar in die Kameras: »Born hat uns und die Zuschauer betrogen. Wir sind Opfer.« Für ihn scheint damit das Kapitel abgeschlossen zu sein.

Dienstag, 22. Oktober 1996

Mit diesem seit Beginn des Falls wiederholten Statement kann sich Jauch bei seinen Kollegen in den Redaktionsstuben längst nicht mehr behaupten. Bei der *taz* herrscht Unverständnis:

> *(...) Weiß der Mann überhaupt, daß er beim Fernsehen arbeitet? Egal. Das treffendste Statement kam vor Wochen vom ehemaligen Chef des Schweizer Fernsehmagazins »10 vor 10«, Ulrich Haldimann. Man stelle sich als Redakteur die Frage, ob ein Bericht plausibel, aber nicht, ob er gefälscht sei. Damit war er wohl der einzige, der die Wahrheit sagte – in einem Tribunal, in dem die prominenten Zeugen beim Versuch sich reinzuwaschen genauso viel lügen wie der Angeklagte. (...)*

Jauchs Bekenntnis, noch nie in einem Schneideraum gewesen zu sein, ist für die *taz* Anlass für eine Umfrage unter Moderatorenkollegen. Das Blatt will wissen, ob für sie der Schneideraum ebenfalls Terra incognita ist.

Freitag, 25. Oktober 1996

Wenig später sind die Antworten nachzulesen. Sie nehmen dem gestrauchelten TV-Star anscheinend den Rest seiner Journalistenehre:

(...) Ein Magazinleiter, der seinen Titel verdient, verbringt einen großen Teil seiner Zeit im Schneideraum. Wer sich nicht intensiv um die Beiträge kümmert, wird zum Ansager.« (Bodo H. Hauser auch für Ulrich Kienzle, Frontal, ZDF) »Ich bin noch nie in einem Schneideraum gesessen, in dem Günther Jauch gesessen hat.« (Friedrich Küppersbusch, privat fernsehen, ARD)

Jauch weiß spätestens seit dem Auftritt im Januar in Erich Böhmes *Talk im Turm*, wie sehr ihn sein Berufsstand beobachtet – besonders auch *Die Woche*. Doch trotz monatelanger Vorbereitungen auf den Prozess erlebt er erneut ein Waterloo:

(...) Als der Vorsitzende Richter Jauch mit den Worten »Das war es für Sie heute« ohne Vereidigung entlässt, kontert er mit: »Das klingt ja wie eine Drohung.« (...) Das öffentliche Kreuzverhör ist ausgestanden. (...) Persönliche Konsequenzen jedenfalls schließt Jauch als Hauptbetroffener des größten deutschen Fernsehskandals für sich aus. (...)

Gibt es eine stichhaltige Erklärung dafür, warum er sich derart selbst demontiert? Wenn, dann doch nur die folgende: In seiner Redaktion ist es an ihm vorbei zu Unregelmäßigkeiten gekommen, die ein wohl weit größeres Ausmaß haben, als sich bisher abzeichnet.

Was wissen die Redaktionen? 25. Nov. bis 4. Dez. 1996

Montag, 25. November 1996

Die letzten Zeugenvernehmungen scheinen Irregularitäten zu bestätigen. Die Aussagen des *stern TV*-Redakteurs Axel Pfeiffer, seines Chefs Andreas Zaik sowie ihrer ehemaligen Kollegin Sigrid Hüpen werfen mehr Fragen auf, als sie Antworten geben. Das journalistische Selbstverständnis in der Kölner Redaktion erscheint in keinem guten Licht.

Ob Hüpen den Born-Film über die erwähnte Drogenkurierfahrt mit Puderzucker von Frankfurt nach Basel abnahm, will das Gericht wissen. »Ich halte es für möglich, dass ich in dieser Sache Chef vom Dienst war«, entgegnet sie. Mit der sofortigen Entschuldigung, vielleicht doch nicht genau genug hingeschaut zu haben. »Ich hatte an dem Wochenende viel zu tun und stand sehr unter Zeitdruck.«

Der Wirrwarr geht weiter mit dem Film »Katzenjagd«. Pfeiffer räumt ebenso wie seine Ex-Kollegin Hüpen ein, dass ihm der Bart des Jägers merkwürdig vorgekommen sei. Als er mit dem Jäger telefoniert habe, sei ihm nicht in den Sinn gekommen nachzufragen, ob der Bart echt sei. Dabei hätte Born hier bereits auffliegen können.

»Damals hatten wir den Schlüssel in der Hand«, sagt Zaik, »und nachträglich könnte ich in die Tischplatte beißen.« Das macht er dann nicht und mag sich ebenfalls »nicht ins Bein beißen«, wie Friedrich Küppersbusch vor Gericht nach seiner Blamage durch den Born-Fake erklärt hatte. Vielmehr habe er eine eidesstattliche Versicherung verlangt, dass die Filmszenen authentisch seien, was Pfeiffer bestätigt, aber seine Ex-Kollegin nicht mitbekommen hat. Zaik auf die Frage, ob er mit Hüpen über die Versicherung gesprochen habe: »Das kann ich nicht definitiv bejahen.«

Wenn sich *stern TV* die Echtheit der Aufnahmen zu dem Film von Born vorher schriftlich versichern ließ, dann bestand offenbar ein Anfangsverdacht. Einer, der eben nicht durch eine Gegenrecherche aus der Welt geschafft wurde, wie Jauch im Januar in der Sendung *Talk im Turm* mit Blick auf die mutmaßlich gefälschten Beiträge behauptet hatte. Sondern für dessen Beruhigung eine eidesstattliche Versicherung notwendig schien, die zudem noch wertlos blieb, weil sie nicht gegenüber einer Behörde abgegeben worden war.

Widerspruch reiht sich an Widerspruch an jenem Tag: So berichtet Zaik einerseits von einem Cutter, der »seine liebe Not« mit dem Bornmaterial gehabt habe. Allerdings sei die Manipulation der Bilder weder ihm noch anderen aufgefallen.

Zaik scheint bei der Vorbereitung auf seine Zeugenaussage auch eine andere Äußerung übersehen zu haben. Zu Beginn des Skandals sagte er zum *Spiegel*, Born habe sich mit dem Hinweis auf Informantenschutz geweigert, die Personalien des Jägers herauszugeben. Auf welche Weise ist dann aber das Telefonat von Pfeiffer mit dem angeblichen Jäger zu Stande gekommen?

Ein Lapsus, der eigentlich nicht hätte passieren sollen. Denn Zaik weiß doch anscheinend, welche Fragen ihm der Richter stellen will, noch bevor dieser seine Sätze zu Ende formuliert hat, wie der *SZ* nicht entgeht:

> *(...) Er weiß auch, was Stern TV-Redakteure vor ihm im Prozess (...) ausgesagt haben, und er erklärt heikle Filmszenen mit denselben Worten, die andere Zeugen schon ausgeführt haben. (...) Seit Prozessbeginn (...) lässt der Medienkonzern Gruner+Jahr für Stern TV Protokolle über die Zeugenaussagen im Gerichtssaal anfertigen, von Menschen, die mit auf der Pressebank sitzen. (...)*

Während Borns Anwalt mit dem Versuch scheitert, den TV-Kujau als vermindert schuldfähig darzustellen – der Leiter der Gerichtspsychiatrie der Landesklinik Andernach, Rainer Gliemann, bescheinigt dem Angeklagten vor Gericht überdurchschnittliche Intelligenz, aber keinen Befund mit »Krankheitswert« – gelingt es diesem jedoch, Zweifel zu säen, dass alle Redakteure ahnungslos waren.

Beispiel: Ein Beitrag, den Hüpen gemeinsam mit Born über die angebliche Einfuhr BSE-verseuchter Rinder aus Großbritannien via Holland nach Mecklenburg-Vorpommern im Herbst 1994 fertigte. Bereits die vor der Sendung verschickte Presseankündigung rief Staatsanwalt Reinhard Krüger in Rostock auf den Plan. Nach Ausstrahlung der Reportage setzte sich in dem Bundesland ein Ermittlungsapparat in Gang, der sämtliche Veterinär- und Landwirtschaftsämter alarmierte – ganze Viehherden wurden untersucht. Mehr noch: Auch in den Niederlanden liefen Überprüfungen und britische Behörden verwahrten sich gegen die Vorwürfe, bei ihnen seien illegale Exporte möglich.

Besonders heikel: der niederländische Viehhändler, der von *stern TV* als Kronzeuge für die Behauptungen vorgestellt worden war, erklärte, das in der Sendung gezeigte Interview gar nicht gegeben zu haben. Wie Zaik über das nachgestellte Telefongespräch mit dem Mann denke? Dies sei ein »probates journalistisches Stilmittel«. Und wie er den Film über Bodenverseuchungen durch eine Chemiefirma beurteile, in welchem der Ex-*stern TV*-Redakteur Hering einen toten Fisch kameragerecht ins Bild treiben lässt? »Davon habe ich erst aus der Presse erfahren«, so Zaik. Ebenso wie von dem nachträglich aufgenommenen Bombenton in der inszenierten Reportage über Bethlehem.

Von Born getrennt habe er sich nach einem Beitrag über »Kinderarbeit in Indien« im Sommer 1995. Wieso dieser wenig später für das Magazin dennoch in die nigerianische Hauptstadt Lagos gereist sei, will der Richter wissen. Born sei für riskante Beiträge bekannt gewesen, erklärt Zaik. Daher habe man ihn erneut als Kamerareporter engagiert. Born behauptet hingegen, er sei als Co-Autor mitgereist.

»Haben Sie die verantwortlichen Personen für diese Filme überhaupt angesprochen«, wird er vom Richter gefragt. Zaiks Antwort: »Glaube ich nicht.« Anders ausgedrückt: Selbst als bei *stern TV* das Ausmaß der Katastrophe klar geworden ist, hat es Zaik als Chefredakteur unterlassen, die Verantwortlichen im eigenen Haus festzustellen. Später rechtfertigt er die Erinnerungslücke damit, dass er nach Bekanntwerden der Affäre genug anderes zu tun gehabt habe, wie etwa nach undichten Stellen in seiner Redaktion zu suchen. Eine Bemerkung, die der Behauptung der Verteidigung, das Magazin habe gegen Born ein »Schweigekartell« gebildet und verfolge zur eigenen Freisprechung eine Strategie des ahnungslosen Opfers, Nahrung gibt. Als es dann um den Zeitpunkt geht, zu dem Zaik von den Ermittlungen der Behörden erfahren haben will, prallen die beiden bekannten unvereinbaren Positionen aufeinander. Während das Gericht für *stern TV* den 6. Dezember 1995 festhält, sagt der mitangeklagte Georgios C. aus, dass er den Chefredakteur bereits am 24. oder 25. November über alle Born-Filme in Kenntnis gesetzt habe.

Mittwoch, 4. Dezember 1996

Es ist müßig zu erwähnen, dass sich die Equipe von *stern TV* durch diesen Aussagen-Wirrwarr blamiert. Das Resümee der *FAZ* ist repräsentativ für den Tenor in den Medien:

> *(...) Durch die Zeugenaussagen erscheint die Zusammenarbeit Borns mit den Magazinen nicht in eindeutigem Licht. Betrügen konnte er nur, wenn niemand von seinem Tun wusste. Daran gibt es Zweifel. Hinzu kommt, dass durch Borns Filme ein Schaden entstanden sein muss. (...)*

Festzuhalten ist: Der Imageschaden, den das Magazin durch den Skandal erleidet, ebenso wie jener für die Glaubwürdigkeit des TV-Journalismus, ist nicht zu beziffern. Wie es sich indes mit dem materiellen Schaden verhält

– ein Tatbestandsmerkmal des Betrugs, weswegen Born sich ja vor Gericht zu verantworten hat –, steht auf einem anderen Blatt. Und in der Tat: Bei wem ist eigentlich der Vermögensschaden durch die reißerischen Born-Fakes entstanden? Denn *stern TV* blieb nicht etwa auf den Beiträgen des TV-Kujau sitzen, sondern hat sie Gewinn und Quote bringend gesendet.

Nach zwanzig Prozesstagen wird die Beweisaufnahme am 9. Dezember beendet, am 16. Dezember stehen die Schlussplädoyers auf der Agenda. Borns Verteidiger Jacob plädiert auf eine Freiheitsstrafe von zwei Jahren auf Bewährung und zieht einen gewagten Schlussstrich: Es werde in den TV-Redaktionen eine Zeit vor und eine Zeit nach Born geben. Eine Einschätzung, der sich der Staatsanwalt anschließt. Doch damit enden die Gemeinsamkeiten. Schmengler fordert fünf Jahre Haft für Born.

Bis zur Urteilsverkündung am 23. Dezember geht der Kleinkrieg weiter. Das Landgericht Koblenz weist eine Klage von *stern TV* gegen Born auf Schadenersatz ab, worin das Magazin seinen materiellen Schaden auf 350.000 Mark beziffert – die Honorarsumme der gefälschten Filme. Damit folgt das Gericht dem Argument der Verteidigung, der materielle Schadensbegriff nach § 263 StGB könne nicht angewendet werden, weil *stern TV* durch die Born-Beiträge »sehr viel Geld eingefahren« habe. Auch der Staatsanwalt erklärt, der materielle Schaden sei »nicht allzu hoch«. Zumal es keine Stornierungen bei den Werbezeiten gegeben habe. Die Richter folgen auch nicht dem Argument von *stern TV*, dass die Sendung wegen der Fälschungsserie verrufen sei. Daraus könne der Vermögensschaden nicht abgeleitet werden. Nach einem Etappensieg für Born – er darf 40.000 Mark Honorar für zwei Beiträge behalten – stellt er erneut Strafanzeigen. Diesmal gegen Zaik, Jauch sowie Verlagsanwalt Seibert wegen unwahrer Zeugenaussagen. Bis auf eine Strafanzeige gegen die Redakteurin Hüpen wegen möglichen Meineids werden alle Verfahren wenig später eingestellt.

Urteilsverkündung, 23. Dez. 1996 bis 16. Jan. 1997

Montag, 23. Dezember 1996

Die Tageszeitung (taz) kündigt ihren Lesern die bevorstehende Verurteilung des TV-Fälschers an; parallel mit einem Prozess am Frankfurter

Landgericht über einen Fall angeblicher Untreue beim *Hessischen Rundfunk (HR):*

> *(...) Im Prozess konnte man sich davon überzeugen, dass die Redakteure eher mehr denn weniger an den Fälschungen beteiligt waren (...). Günther Jauch ging so weit zu verkünden, er sei noch nie in einem Schneideraum gewesen. Entweder ist dieser Satz eine Lüge, oder er beschreibt realistisch die Arbeitssituation eines Menschen, der gar nicht wissen will, ob er Lügen oder Wahrheiten verkauft. (...)*

Verkauft an ein Publikum, welches in Koblenz erneut keinerlei Rolle spielte. »Aber für Betrug am Zuschauer gibt es leider keinen Paragraphen im Strafgesetzbuch«, betont nach dem Urteil Kurt Beck, Ministerpräsident von Rheinland-Pfalz und Vorsitzender der Rundfunkkommission der Länder.

Am Vormittag verurteilt der Richter Michael Born zu vier Jahren Haft, sein Ex-Helfer Georgios C. muss für zwei Monate hinter Gitter. Die 12. Strafkammer befindet ihn des Betrugs in 16 Fällen und des versuchten Betrugs in vier Fällen für schuldig. Die Höhe des Strafmaßes komme in erster Linie wegen Delikten wie Volksverhetzung, Aufstachelung zum Rassenhass, Urkundenfälschung oder dem Vortäuschen von Straftaten zustande. Diese hätten schwerer gewogen als die Betrugsvorwürfe, erklärt Richter Weiland.

Dass Redakteure und sonstige Mitarbeiter von *stern TV* in ihren Aussagen nicht die Wahrheit gesagt haben könnten, schließt das Gericht aus. Grund: auf ihnen habe ein hoher Druck zur Wahrhaftigkeit gelastet. Sollte ein Zeuge wegen Meineids verurteilt werden, »dann wäre seine Existenz mit Sicherheit zerstört«.

Dieses existenzielle Dilemma könnte *»aber auch der Grund für alle gewesen sein, dicht zusammenzuhalten«*, konstatiert der *Evangelische Pressedienst (EPD)* wenige Tage später in einem Rückblick auf den Prozess.

Ungeklärt bleibt die Mitverantwortung von *stern TV*. Denn Born war zwar Lieferant des gefälschten Materials, aber nicht alleiniger Urheber der strafbaren Filmbeiträge. Die Frage blieb offen, ob eine solche Aufgabenteilung nicht »juristisch als Co-Autorenschaft (...) hätte gewertet werden müssen«, wie der EPD weiter zu bedenken gab.

Nach dem Verhandlungsmarathon, in dem die Justiz gemäß eigener Worte Neuland betreten und gleichzeitig ziemlichen Nachholbedarf in Sachen Medienkompetenz an den Tag gelegt hat, spart der Richter dann auch nicht mit Kritik an *stern TV*.

Die fehlenden Kontrollen, die laut Pressegesetz hätten erfolgen müssen, wären bei der Strafzumessung zu Gunsten Borns ausgelegt worden. Die Beweisaufnahme zeigte nämlich, dass Born nicht der eiskalte Fälscher sei, dem man nicht auf die Schliche hätte kommen können.

Mit diesen Worten rechtfertigte Anfang des Jahres *stern TV* noch, dass es auf ein Dutzend falscher Born-Filme hereingefallen war.

Eine kritische *dpa*-Meldung geht über die Ticker und erreicht die Redaktionen einen Tag vor Heiligabend. Die meisten Tageszeitungen arbeiten da schon mit eingeschränkter Mannschaft, Artikel kommen aus dem Stehsatz ins Blatt, zum Recherchieren hat niemand so richtig Lust. Es herrscht Weihnachtsstimmung:

> *(...) Spätestens im August 1995, als ein Born-Film über Kinderarbeit für Ikea in Indien als Fälschung aufgeflogen war, hätte die Redaktion tätig werden müssen, so Richter Weiland. Darüber, dass es »stern TV« in einigen Beiträgen ebenfalls mit der Wahrheit nicht so genau genommen hatte, habe das Gericht nicht zu befinden. (...)*

Wer nichtsdestotrotz von den Gescholtenen einen Kommentar haben will, erfährt per Anrufbeantworter, die Redaktion sei vom 20. Dezember 1996 bis 7. Januar 1997 nicht erreichbar. In einer Pressemitteilung lässt *stern TV* wissen, dass es sich bei den von Born begangenen Straftaten keineswegs um Kavaliersdelikte gehandelt habe:

> *(...) »Mit dem heutigen Wissen würden wir uns wünschen, Born einige Wochen eher angezeigt zu haben«, erklärt Zaik. Allerdings habe das Gericht auch festgestellt, dass Born mit hoher krimineller Energie vorgegangen sei. (...)*

Dienstag, 24. Dezember 1996

Hat dies das Gericht wirklich so erkannt? Diese Version ist der *taz* offenbar entgangen, das Blatt hält einen anderen Tenor fest:

(...) Der Aufwand an »krimineller Energie« (...) habe – angesichts der fehlenden Kontrollmechanismen bei den Redaktionen – »nicht sonderlich stark« sein müssen. (...) Ganz besonders monierte Weiland, dass Stern TV mit einer »bisher nicht offenbar gewordenen Dreistigkeit« versucht habe, den Skandal mit Born zu vertuschen.« (...)

Trifft es daher zu, dass die eigentlichen Verantwortlichen in den Sendeanstalten sitzen und lediglich ein »erfolgreiches Schuld-Outsourcing« betrieben haben, wie die *taz* vermutet, für die das Urteil am *System-an-sich* wenig ändert:

(...) Im Gegenteil. Es bremst einen Prozess der Entmystifizierung, der seit Jahren nur mühsam in Gang kommt. Nun steht zu befürchten, dass die gesunden Zweifel am Medium Fernsehen zusammen mit Born von der Bildfläche verschwinden (...). Solange es keine Regelungen gibt, die den Zuschauern signalisieren, welche Bilder aus dem Archiv und welche inszeniert sind, sind solche Urteile Makulatur. (...)

Zwischen Weihnachten und Silvester nimmt der Drang nach der Enthüllung von Sensationen in den Redaktionen immer weiter ab. Aktualität hin oder her – auch Journalisten müssen mal eine Verschnaufpause einlegen. Und so geht das Urteil im allgemeinen Müßiggang unter.

Mittwoch, 8. Januar 1997

Über den Jahreswechsel zieht sogar in der Kölner *stern TV*-Redaktion wieder der Alltag ein. Die Fakes hatten keine negativen Folgen für das Magazin. Durch die Enthüllung der Betrugsserie ist weder ein Rückgang in puncto Einschaltquoten noch bei den Werbebuchungen festzustellen.

Es herrscht wieder die Jahreszeit der TV-Rückblicke. Wie gewöhnlich sind die Werbeinseln auch im *stern TV*-Rückblick ausgebucht. Darin: die »spannendsten Reportagen« aus dem Jahr 1996. Kinderpornografie und Kindesmissbrauch stehen ganz oben auf der vermeintlichen Hitliste. Der größte Betrugsfall im deutschen Fernsehen, der die Medien ein Jahr lang beschäftigte, Zuschauern wie Lesern ungeahnte Einblicke hinter die Kulissen der Branche gewährte und gleichzeitig das Medium TV entzauberte, bleibt darin unberücksichtigt.

Donnerstag, 16. Januar 1997

Ein Jahr nachdem der Skandal ins Rampenlicht der Öffentlichkeit geraten war, flackert er schließlich im Hamburger Wochenblatt *Die Zeit* ein letztes Mal auf. Als »Sittengeschichte des Fernsehjahres 1996« mit Starmoderator Jauch als Hauptakteur:

> *(...) Bei der Endabnahme von Filmen (...) interessiere ihn nicht, ob die Darstellungen stimmen, sondern ob die Geschichten »stimmig« sind. (...) Diese Ideengeschäfte sind offenbar dem Ziel hoher Quoten eher verpflichtet als der Wirklichkeit. Die Zeugenvernehmungen insgesamt vermittelten den Eindruck, Stimmungsmache sei das oberste Gebot in den Aufschneideräumen von Stern TV gewesen. (...)*

Vor Gericht: Urteil und Folgen

Michael Born wird 1998 nach etwas mehr als zwei Jahren aus der Haft entlassen. Sein Versuch, die Ereignisse zu verfilmen, bleibt ohne Erfolg; auch sein 1997 erschienenes Buch »Wer einmal fälscht« verkauft sich kaum. Er lebt anschließend in Griechenland und erzeugt Werbefilme für die Touristikbranche.

Günther Jauch gründet im Sommer 2000 die *I&U TV – Information und Unterhaltung TV Produktion GmbH* in Köln, die seitdem *stern TV* produziert. 2003 zog sich *G+J* aus der Beteiligung »mit einem für beide Seiten attraktiven Kompensationsmodell« zurück.

Mitte des ersten neuen Jahrzehnts war Günther Jauch alleiniger Gesellschafter der Firma, die »Information und Unterhaltung miteinander verbinden« will, wie es in einer Eigendarstellung heißt. Andreas Zaik leitete die Produktionsgesellschaft und war gleichzeitig Chefredakteur.

Ob die *Grips-Show*, die *80er Show* mit Oliver Geissen, die von Hape Kerkeling moderierte *70er Show*, die *DDR-Show* oder den *RTL*-Jahresrückblick – *I&U* produzierte danach mit mittlerweile rund 60 Mitarbeitern für *RTL* oder *Vox* jedes Jahr über einhundert Sendungen. Shows, bei denen »das Zusammenspiel von Redaktion, Produktion sowie Archiv« – so die Eigendarstellung – perfekt funktionierte. Produktionen, die bei *RTL* und der Werbewirtschaft als Quotengaranten galten und mit denen es immer wieder gelang, »ganz neue Trends zu setzen.«

I&U war auch Produzent der Sendungen, die *RTL* am 3. und 12. Januar 2004 zum 20. Jubiläum des Privatfernsehens ausstrahlte und die dem Sender die Marktführerschaft am Abend sicherten. Das Kapitel »die größten Skandale« wurde dem Zuschauer darin erspart und eine Reihe offener Fragen blieb vorerst unbeantwortet.

Die Gerichtsakte: Urteilsbegründung auf 241 Seiten (Bild: Piasecki)

Die Gerichtsakte: Alles über Lug und Trug

Von Stefan Piasecki

Ich mag Underdogs. Die meisten jedenfalls. Und Verlierer. Zu verlieren ist keine Schande. Auch etwas zu probieren und zu scheitern ist keine. Sogar Schummeleien kann ich etwas abgewinnen. Ich sage nicht umsonst oft zu Studierenden, dass gutes Pfuschen auch ein Merkmal von Kompetenz ist und damit durchaus berufsrelevant sein kann. Aber es muss intelligent sein, besser kreativ und vor allem aufrichtig. Was ist »aufrichtiges Pfuschen«? Ein solches, welches andere nicht benachteiligt, dem Thema gerecht bleibt und bei dem man, wird man erwischt, Haltung beweist und dazu steht. Wenn es zum Schmunzeln verleitet, umso besser. Dummes, freches Pfuschen ist eine Beleidigung der Intelligenz. Dass wir alle das wohl ähnlich sehen, zeigt der Erfolg von Filmen über freche Gangster. Niemand will wirklich verschlagene Menschen sehen, denen das Leid ihrer Opfer gleichgültig ist oder die sich noch daran delektieren. Jeder kennt gesunden Respekt vor dem Schulhofrowdy, der aber sofort in Verachtung umschlägt, wenn jener zusätzlich ein Nachtreter ist.

Ich untersuche seit langem internationale Medienphänomene und lehre meinen Studierenden, wie sie die Unterschiede zwischen *Fake* und *Fakt* (auch begrifflich ändert sich zunächst nur ein subtiles, aber wichtiges Detail) erkennen und damit umgehen. Als ich auf die in der Ursprungsversion bereits 2006 erschienenen Beobachtungen von Thomas Pritzl stieß, gefielen mir die Schilderungen und sie weckten mein Interesse an der Person Michael Born.

Ein Fälscher, ein Trickser, ein Hochstapler, der den großen Günther Jauch genarrt hat, was für ein Held. Oder? Niemand, dessen Schicksal bemitleidenswert ist wie jenes des Amerikaners Stephen Glass oder eines ob seiner zynischen Gedankenlosigkeit Empörung erzeugenden Claas Relotius. Nein. Born, einer von unten, wollte sich nach ganz oben schleichen. So meine Vermutung. Der aufgenommene Kontakt zu Thomas Pritzl enthüllte weitere Details, die nicht im Ursprungsbuch standen. Thomas zeigte sich ebenso offen wie klar und verbindlich und sein lang bestehender Kontakt zu Born nach dessen Haft lieferte interessante Zusatzinformationen.

Wenn Menschen des Schwindels, sogar der Täuschung, überführt werden wie die ehemaligen promovierten Minister Annette Schavan (CDU –

Bildung), Karl-Theodor Freiherr von und zu Guttenberg (CSU - Verteidigung) oder Franziska Giffey (SPD - Familie) und das unter ihrem Namen veröffentlichte Buch der ehemaligen Außenministerin und *Völkerrechtlerin* Annalena Baerbock (Grüne) etliche plagiierte Stellen aufweist, ist für gewöhnlich das Erstaunen groß. Personen gaben hier Expertise vor, über die sie nicht verfügten. Vertraten Kompetenzen, die sie nicht hatten. Ließen sich unter diesen Umständen in ein Amt wählen, ohne Befähigung, eigenhändig eine umfangreiche Eigenleistung in Form einer akademischen Ausarbeitung zu erstellen. Genau das haben sie jedoch im Promotionsverfahren behauptet und dabei die Beteiligten getäuscht. Denn die Energie, Organisation und Intelligenz, selbst eine wissenschaftliche Arbeit anzufertigen, ist die Voraussetzung für die Verleihung des Doktorgrades. Eine Karriere wurde gemacht, die auf einem Pfusch gründete, einem Fake, einer Lüge. Der reine Rücktritt (oder der ausgesessene wie bei Frau Giffey) deckt nicht annähernd den wirtschaftlichen und Vertrauensschaden, der eingetreten ist. Zumal die Merkel-Freundin Schavan äußerst auskömmlich, und vermutlich aufregungsarm, als Botschafterin zum Vatikan wechseln durfte – ohne diplomatische Ausbildung und entgegen der Stellungnahme des Personalrates des Auswärtigen Amtes. Läuterung, Bewusstseinswandel, Demut sehen vollkommen anders aus. Wären das eigentlich nicht vorauszusetzende Grundkompetenzen für einen Amtsantritt beim Heiligen Stuhl gewesen?

Warum eine Wahrheit erfinden? Manche präsentieren Vermögen oder Karrieren oder Verbindungen, die sie gar nicht haben. Menschen, die man zu kennen glaubt, erweisen sich als Kunstprodukt: einigermaßen, teilweise oder sogar vollständig selbst produziert und inszeniert.

Es gibt immer individuelle Gründe für Übertreibungen und sogar Betrug: Angst, Hoffnung, Geltungssucht, Narzissmus, krankhafte Selbstüberschätzung und vieles andere. Oft ist es ab einem bestimmten Punkt nicht mehr möglich, aus einer angenommenen Rolle auszutreten. Sie muss weitergespielt, intensiviert werden. Aus der anfänglichen Schwindelei erwächst ein massives Lügengebäude, dessen Fundamente, Verschränkungen und Stützpfeiler sich allesamt gegenseitig abzusichern haben, damit das Objekt nicht zusammenstürzt.

Bleibt das Lügenkonstrukt klein und überschaubar, mögen Menschen lange davonkommen. Berichtet wird von katholischen Professoren, die jahrzehntelang an evangelischen Fakultäten lehrten, da niemand sie je nach ihrer Konfession fragte. Oder einem Professor mit Legasthenie, der geschickt Aufgaben verteilte, so dass die Erkrankung bis zur Emeritierung nie auffiel oder auf Unachtsamkeit durch Überarbeitung geschoben werden konnte.

Derlei Fälle sind gleichwohl nicht vergleichbar mit solchen wie jenem der Anna Anderson, die in den 1920er Jahren in die Rolle der ermordeten Zarentochter Anastasia Nikolajewna Romanowa schlüpfte und diese Identität bis zu ihrem Tod trotz verbreiteter Zweifel behauptete.

Weiter zurück in der Geschichte findet sich der Vorfall des Arnaud du Tilh, der sich Mitte des sechzehnten Jahrhunderts in einem Pyrenäendorf als Martin Guerre ausgab. Obskur an diesem Fall: Der echte Guerre war zuvor aufgrund von Schulden getürmt, der falsche lebte in dem Dorf im Haushalt des echten Guerre bei und mit dessen Ehefrau. Alle müssen es gewusst haben und doch flog der Betrug erst auf, als zehn Jahre nach seiner Flucht der wirkliche Guerre zurückkehrte. Dieser, unter dem Titel »Die Wiederkehr des Martin Guerre« im Jahr 1982 mit Gérard Depardieu verfilmte Fall, wirft ein bezeichnendes Licht auf das Umfeld eines Betrugs, denn nicht selten ahnen Menschen, dass etwas nicht korrekt ist oder wissen es sogar. Und doch spielen sie mit, wärmen sich am schönen Schein, profitieren und verdienen vielleicht daran.

Hochstapler und Fälscher benutzen Versatzstücke der Realität und diffundieren, verwischen und vernebeln deren Herkunft und Kontext. Die erfolgreiche Illusion ist jene, die real sein *könnte*.

Als 2014 der erst 20-jährige Juan Carlos Iglesias bis in höchste politische und royale spanische Kreise vordringen konnte, dem spanischen König die Hand schüttelte und zu politischen Konferenzen eingeladen wurde, gelang ihm das nicht mit einer Großerzählung wie jener, er sei Abkömmling des Königshauses. Er tauchte zunächst im Gefolge einer Unternehmerin bei einem Empfang nach der Krönung von Felipe I. auf, knüpfte Kontakte und ließ sich von da an weiterreichen. Alle entstehenden Gespräche, Fotos mit Prominenten, Namen und Fakten verwendete er, um an anderen Stellen kunstvoll anzuknüpfen, bis er behauptete, für die Regierung und den Geheimdienst gearbeitet zu haben. Ein Schneeballsystem der Unwahrheiten.

In diesem wie in anderen Fällen sind Lügen oft Teilwahrheiten, die wie Flecktarn im Wald auf die Realität zu passen scheinen, sich in die Umgebung einfügen. Keine erfundenen Großerzählungen, die sofort zu entzaubern wären. Deren behauptete, erhoffte, vermutete Realität sogar einen gewissen Mehrwert hat für jene, die davon hören oder sie nutzen können, welche Interesse erzeugt, Spannung, wenigstens als Gesprächsthema gegenüber anderen taugt.

Die Soziologie würde hier vielleicht von kulturellem Sozialkapital sprechen, dessen sich auch Trittbrettfahrer bedienen. Die sind zwar nicht an der Fälschung beteiligt. Aber sie begleiten und fördern, wie im Fall der russischstämmigen Anna Sorokin, deren unter dem erlogenen Alias Anna Delvey erfolgenden Durchmarsch in die New Yorker High Society, da sie Bilder, Nachrichten und Schlagzeilen produzierte, von denen das Umfeld profitierte. Futter für Medien und Yellow-Press-Hungrige (von Netflix 2022 als »Inventing Anna« verfilmt). Ohne Beteiligungshoffnung Dritter dürften Hochstapler wohl schnell auffliegen.

Jonathan Baron hat in »Thinking and Deciding« (Baron 2000) sehr präzise dargelegt, warum Menschen gegen alle Fakten und Wahrscheinlichkeiten an ein bestimmtes Bild der Realität glauben *wollen* – ob es sich nun um das Vertrauen in Angeber handelt oder obskure Investments. Menschen laufen unter bestimmten Umständen noch jubelnd hinter Schwindlern her, während diese bereits ausgelacht werden. Das Märchen des in Wahrheit nackten Kaisers sollte schon Kinder dafür sensibilisieren. Gläubige des Anscheins verteidigen hingegen die Lügner oft und verachten lieber diejenigen, die die Wahrheit sagen als jene, die mit der Realität den schönen Schein zu zerstören drohen. Was uns fast wieder in die Tagespolitik führt.

Medien indes profitieren immer: von der Fälschung und deren Enttarnung. Solange sie sich damit nicht zu sehr gemein machen wie das Wochenmagazin *stern* im Falle der Hitler-Tagebücher 1983 oder der *Spiegel* bei der in zentralen Punkten erheblich zum Schaden Dritter verfälschten Berichterstattung über den Antiterrorzugriff in Bad Kleinen im Jahr 1993. Infolge der unwahren Medienbehauptungen einer Ermordung des festzunehmenden Terroristen durch Polizeibeamte (es war indes Selbstmord) erfolgten somit unberechtigte Rücktritte von Politikern.

Sowohl im Falle des *stern* wie auch des *Spiegel* wurden im Nachhinein aufwendige interne Untersuchungen durchgeführt und öffentliche Entschuldigungen nötig. Der Schaden war aber längst eingetreten. Die Öffentlichkeit diskutiert noch heute über den toten Terroristen, nicht den getöteten Polizisten Michael Newrzella (damals 26 Jahre alt).

Dass gerade Medien wie der *Spiegel* eine weiße Weste behaupten, ist besonders unglaubwürdig. Solange in der Phase des *Deutschen Herbstes* 1977 die Angst der deutschen Bevölkerung vor linksextremem RAF-Terror dominierte, prägte dies dessen Schlagzeilen. Als im Zuge der polizeilichen Fahndungsmaßnahmen Unbeteiligte abgehört wurden, wandelte sich abrupt die Perspektive. Innerhalb nur weniger Wochen erfolgte durch das Wochenmagazin das Umlenken der Kritik gegen den Staat. Unter Tatverdacht standen nicht mehr linksradikale Extremisten, sondern Politik, Justiz und Sicherheitsbehörden. Das hat sich bis heute nicht wesentlich geändert.

Ein ähnliches Verfahren praktizierte man im Zuge der ersten großen Nachwendeflüchtlingskrise 1991/1992. Schlagzeilte der *Spiegel* noch in Ausgabe 37/1991 »Das Boot ist voll« (und setzte damit einen Slogan in die Welt, der später medienwirksam von Parteien wie den »Republikanern« oder der »NPD« auf Wahlplakaten verwendet wurde), beklagte das Nachrichtenmagazin kurz danach »Hass« (Ausgabe 40/1991) und Fremdenfeindlichkeit. Natürlich nicht, ohne bis Ende der 1990er weiterhin das gleiche Spiel zu betreiben. Erst die Warnung vor Zuwanderung, nachfolgend zur Schau gestelltes Entsetzen vor Extremismus. Die immer gleichbleibende Vorgehensweise: Prägen der öffentlichen Meinung, Schüren von Verunsicherung, wenig später das Beklagen von Folgen. Hierauf wird im medienanalytischen Teil am Ende des Buches näher eingegangen.

Als Journalist ist man Kapitän und Steuermann in einem, solange man die Strömung reitet und nicht davongetrieben wird, denn dann wird man zum (Kultur- und Sozial-) Kapital der anderen.

Als Claas Relotius seine gefälschten Geschichten im *Spiegel* brachte und dessen Kollege Juan Moreno ihn zwar enttarnte, diesem aber niemand glauben wollte, hatte für das Blatt viel zu lange vieles gut zusammengepasst: Die Geschichten entsprachen der politischen / weltanschaulichen Linie des Magazins und dessen linksliberalen Leserinnen und Lesern. Relotius reproduzierte beständig seinen Ruhm durch neue, sogar mit Preisen ausgezeichnete, gute »Lesegeschichten«. Von solchen sprach schon der ehemalige *Spiegel*-Redakteur Zeuner im Jahr 1973, weil sie, unabhängig vom Informationswert, »so spannend oder putzig geschrieben« seien (hierzu Dörger 1973, 174).

Mit dem Hereinbrechen des Relotius-Skandals wurde das Magazin dann selber zum Kapital (oder zur »Beute«) für andere Medien, die ihrerseits berichteten. Nicht selten schadenfroh. Ganz außer Acht blieben Leser und Bürger, die schon seit Jahren zunehmende Zweifel an der Neutralität von Medien hatten und sich abermals enttäuscht und getäuscht sahen. Eine Enttäuschung, die längst auch allgemein auf das Empfinden gegenüber dem Staat und dem gesellschaftlichen System abgefärbt hat. Mit Folgen. Ergänzt durch die unverschämte und nicht einmal mehr versteckte Raffke-Mentalität von Politikern bis hin zu Intendanten öffentlich-rechtlicher Rundfunkanstalten.

Die Einzelfälschung mag ja aus der individuellen Perspektive und Lebenssituation des Fälschenden heraus erklärbar sein und erscheint demzufolge sogar notwendig, damit das Gesamtkonstrukt einer gefälschten Identität oder Nachrichtenblase weiter gestützt werden kann. Das Ergebnis ist aber nicht nur ein Medium, welches für eine Fälschung bezahlt (und damit geschädigt wird) oder dessen Nutzer, die einem Bericht vertraut haben. Der gesellschaftliche Vertrauensschaden geht viel weiter und ist mittlerweile empirisch erfassbar (PWC 2018). Medien wird heute nicht unberechtigt zu große Regierungsnähe, wirtschaftliche Beeinflussung und fehlende kritische Distanz zum Subjekt ihrer Berichterstattung vorgeworfen.

In den Persönlichkeiten von Fälschern realisiert sich neben einer Vielzahl anderer Motive nicht zuletzt ein Hang zur Selbstdarstellung, dessen Grenzen zur Hochstapelei und geschäftsmäßig betriebenen Betrügerei fließend sind. Stephen Glass oder Anna Solokin bzw. »Anna Delwey« zeigten, dass medienwirksame Fälschungen von Lebensläufen und Informationen nicht nur in Deutschland vorkommen.

Der US-amerikanische Schauspieler Jussie Smollet erfand Anfang 2019 einen rassistischen Übergriff von Anhängern des damaligen Präsidenten Donald Trump. Der Vorfall erzeugte sofortige Reaktionen aus Politik und Medien sowie von gesellschaftlichen Gruppen, noch bevor die Umstände des Falles überhaupt aufgeklärt waren.

Der deutsche Sänger Gil Ofarim behauptete im Oktober 2021, er sei in einem Leipziger Hotel antisemitisch beleidigt worden. Die Staatsanwaltschaft Leipzig fand trotz wochenlanger Befragungen keinerlei Beweise für diesen Vorwurf und stellte die Ermittlungen im März 2022 ein. Mittlerweile wurde Ofarim rechtskräftig verurteilt.

Beide genannte Sachverhalte adressierten umgehend verbreitete Stereotype und Vorurteile, die sofort öffentlich aktiviert werden konnten und anscheinend keiner Beweise mehr bedurften: Ein rassistischer Trump-Anhänger und ein antisemitischer Hotelangestellter in den neuen Bundesländern erscheinen vielen Menschen plausibel. Ob sie das sind, ist nebensächlich, der Betroffene steht im Zentrum. Medien schlagen sich eilig auf die Seite des vorgeblich Schwächeren und Geschädigten.

Die Auffrischung von Stereotypen und Vorurteilen nimmt Fahrt auf, die tatsächliche Wahrheit ist solange nicht weiter relevant, wie sich von der behaupteten Wahrheit profitieren lässt. Wird medial erst ein Opfer sichtbar und kann man mitfühlen, ereignet sich nicht selten eine sogenannte »kompetitive Viktimisierung« – Nachfolgetaten durch andere, die die Grundstory aufgreifen und neue Personen ins Zentrum rücken. Weitere Menschen erheben ähnliche Vorwürfe, teils tatsächliche, teils empfundene oder unwahre. Abermals individuell verständlich, gesamtgesellschaftlich dennoch kontraproduktiv und gefährlich, weil ein Bedrohungsgefühl erzeugt wird, welches möglicherweise real gar nicht existiert, aber dann erst recht zur Rechtfertigung von Übergriffen (aus Rache, zur Begründung, angeblicher Prävention etc.) genutzt werden könnte.

Nun aber zur Person Michael Born. Wie jener des Amerikaners Stephen Glass steht sein Fall in der Tradition von Medienfälschern wie Konrad Kujau oder Claas Relotius. Auch Glass arbeitete als Selfmadejournalist bei mehreren bekannten US-Magazinen. Auf einen seiner Artikel über einen Computerhacker wurde Mitte 1998 ein Fachjournalist aufmerksam, der die beschriebenen Personen und Firmen hätte kennen müssen. Aber alle Details befremdeten ihn. Der behauptete Schauplatz eines Hackerkongresses war an dem betreffenden Tag zudem geschlossen. Glass versuchte, das Lügengebäude trotz eindeutiger Indizien aufrecht zu erhalten und schlug Bemühungen seines Chefredakteurs aus, den Schaden durch eine Richtigstellung zu begrenzen (verfilmt 2003 als »Shattered Glass«).

Glass, Sorokin, Relotius, Kujau, auch Born und andere, sind keine singulären Bösewichte in einer Welt des Guten und Reinen. Letztlich führen sie zum eigenen Vorteil und im Kleinen fort, was im Großen politisch und ökonomisch betrieben wird: Ob Tonkin-Zwischenfall zur Begründung des US-Eingreifens in Vietnam, angebliche Massenvernichtungswaffen als erlogener Grund für den amerikanischen Angriffskrieg auf den Irak, angeblicher serbischer Völkermord im Kosovo zur Begründung von Angriffen der NATO auf Serbien oder behauptete Meeresverseuchung durch die Ölbohrinsel Brent Spar als PR-Boost für Greenpeace, gefälschte Bluttestkits, die eine Unternehmerin zunächst zur jüngsten (mediengefeierten) Milliardärin der Welt und danach zum Katastrophenereignis der Investmentbranche machte.

Großereignisse prägen Meinung, erzeugen Öffentlichkeit, erzwingen politisches Handeln, befördern Karrieren und verschaffen wirtschaftliche Gewinne in der Rüstung, bei Parteien oder NGOs. Das soll die Taten von Fake-Journalisten nicht relativieren, mag sie aber zu erklären helfen. Born hat seine Fälschungen in einem Interview mit dem Berliner *Tagesspiegel* noch kurz vor seinem Tod teilweise verteidigt.

All diese be- und entlastenden Faktoren waren mir bereits oder wurden nach und nach bekannt und ich setzte Borns Handeln in diesen Kontext. Sogar seine Dreistigkeit mochte ich tolerieren, um der interessanten Erfahrung wegen.

Christoph Würzburgers sehr gute SWR-Dokumentation – er traf Born ein Jahr vor seinem Tod und begleitete ihn mit der Kamera – zeichnet ein verständnisvolles Bild. Ich lernte Born also in gewisser Hinsicht zu mögen, so wie ich Studierende schätzen kann, die mich »kreativ« überraschen.

Bis ... zu dem Tag, als ich die Strafakte im Landesarchiv Rheinland-Pfalz öffnete, welche mir dankenswerterweise von der dortigen Staatsanwaltschaft vorzeitig zugänglich gemacht wurde (und die Christoph Würzburger sicher nicht kannte, ebenso wie Thomas Pritzls Erinnerungen sich auf das Erleben des Prozesses stützen mussten). Meine positive Neugierde auf einen medialen Robin Hood verflog, verschwand wie das Antennen-TV-Bild in früheren Jahrzehnten während eines aufziehenden Gewitters. Die klare Vorstellung verlor Farbe, sie verschwamm im Rauschen der Realisierung.

Allein die Urteilsbegründung hat es auf 241 Seiten in sich. Ich musste erkennen: Born war kein Underdog. Born war ideologisch ein tendenziell linksradikal orientierter Krimineller. Er praktizierte Menschenverachtung, log und betrog bewusst und nahm zynisch in Kauf, dass Karrieren sowie Firmen zerstört und damit dutzende Individuen aufgrund von gefälschten Vorwürfen arbeitslos würden (mitsamt der sozialen Kollateralschäden in Familien, Beziehungen etc.). Born äußerte sich antisemitisch, produzierte Hassvideos, missbrauchte das Vertrauen von Bekannten und redete sich später damit heraus, dass er zum Beispiel bei dem Ku-Klux-Klan-Video auf »Missstände« hatte hinweisen wollen. Missstände? Alles an dem Bericht war erfunden! Die auf dem Film-Material enthaltenen Aussagen *»richten sich in massiver Weise gegen in Deutschland lebende Juden«*, so die Gerichtsakte in der damals gültigen deutschen Rechtschreibung. Und weiter:

> *»Der Angeklagte Born wußte, welche Wirkung die von ihm veranlaßten Äußerungen haben würden. Er wählte die Formulierungen bewußt drastisch und hatte hierzu die Mühe nicht gescheut, ein zweites Schauspieler-Treffen zu arrangieren. Zur Erreichung seines Zieles, durch den Verkauf eines inszenierten Filmes Geld zu verdienen, war ihm jedes Mittel recht«.*

Born belog Behörden und ließ sie Phantomen hinterherermitteln, die es nicht gab. In einem TV-Beitrag beschuldigte er einen niederländischen Viehhändler aus Leeuwarden, einhundert möglicherweise BSE-verseuchte Rinder an allen Kontrollen vorbei illegal nach Mecklenburg-Vorpommern geliefert zu haben. Als Beleg war in die Sendung von *stern TV* ein Interview integriert, dessen Protagonist später erklärte, dieses gar nicht gegeben zu haben. Wie kam es dann zustande?

Born hat laut Gerichtsakte einen wichtigen Kontakt nicht ans Telefon bekommen. Daher überredete er einen Bekannten mit einer erlogenen Geschichte, den Anruf nachzustellen. Das Original sei von schlechter Qualität und nicht verwertbar, machte er diesem glaubhaft. Landesbehörden ermittelten danach und der Ruf eines unschuldigen Viehhändlers wurde beschmutzt durch die Unterstellung, er habe wissentlich verseuchte Rinder geliefert. Sämtliche Rinderlieferungen aus den Niederlanden nach Mecklenburg-Vorpommern wurden ergebnislos überprüft. Born erhielt von *stern TV* 20.125 DM. Die Behörden verschwendeten somit Geld und Zeit, welche für wirklich Betroffene fehlte.

Born war kein verkannter Medien-Robin-Hood. Er war beruflich und privat eiskalt und ignorant. Konvertierte laut Gerichtsakte zum Islam, um auf Kontakte in exillibanesischen Kreisen zugreifen zu können, damit er in Beirut filmen konnte. Dort, wie auch in Bagdad und Belgrad neben dem heimatlichen Lahnstein, betrieb er angeblich Firmensitze seiner »Trans World Pictures«; diese gab es nie und sie dienten nur zur Verschleierung der Steuerpflicht und zur Aufmerksamkeitsgenerierung.

Er zahlte keinen Unterhalt für sein erstes Kind, leistete sich aber ein Sportboot, betrog Freunde und hinterging grundsätzlich jeden. Als ein gefälschter Bericht über kurdische Bombenbauer, für den er sogar Asylbewerber instrumentalisierte, unbeabsichtigt von einem echten Bombenanschlag begleitet wurde, sprach er laut Akte von einem *»Glückstreffer, weil der Anschlagsort Fethiye zufällig auch von den von ihm angeheuerten angeblichen PKK-Aktivisten eingekringelt worden war«.*

In der Haft nahm er fast 50kg Körpergewicht ab, um vor Gericht Mitleid zu erzeugen.

Das »System *Fake*«, welches einmal funktioniert hatte, entwickelte in der Folgezeit einen Sog der zwanghaften Wiederholung und Born, nach Einschätzung des Gerichtsgutachters *»überdurchschnittlich intelligent«* und von einer affektiv-depressiven Persönlichkeitsstörung betroffen, perfektionierte mit den krankheitsbedingten Merkmalen wie Unstetigkeit, Risikofreudigkeit, Begeisterungsfähigkeit, Großzügigkeit, Vitalität, Eigenständigkeit, Originalität, Unkonventionalität und Phantasie (laut des Sachverständigen Dr. Gliemann) den Einfluss auf sein Umfeld so sehr, dass man ihm glaubte, glauben wollte, vielleicht sogar musste. Denn *seine »feststellbare hypomanische Affektlage«* habe sich während des Tatzeitraumes *»zu einer Arbeitswut über das normale Maß hinaus gesteigert«*, so die Akte.

Günther Jauch schweigt bis heute zu dem Fall. Schade, doch auch verständlich. Denn Born wollte ihn als Mitwisser darstellen, zum Mittäter machen. In der Strafakte findet sich belegt, was Thomas Pritzl als Zeitzeuge mitbekam und schilderte. Den Redaktionen (auch des *ZDF*, *S-Zett-TV* der *Süddeutschen Zeitung* u.s.w.) seien die gefälschten Berichte bekannt gewesen, so Borns Behauptung. Ihnen wäre es um die Öffentlichkeitswirkung gegangen. Sie hätten seine Handlungen begünstigt und gebilligt.

Die Vertreter von *stern tv*, von Günther Jauch bis Andreas Zaik, wiesen das weit von sich. Immer wieder hätten sie ihn nach den Ursprüngen seiner Angaben befragt und Berichte ihm gegenüber kritisiert. Auch eidesstattliche Versicherungen habe man von Born verlangt. Denn ein inszenierter Bericht, so die Redaktionsvertreter vor Gericht, habe keinerlei Marktwert. Andreas Zaik, damals nach Thomas Pritzls Beobachtung zweiter Mann nach Jauch bei *stern TV*, wird in der Akte mit der Aussage zitiert, dass nachgestellte Szenen überhaupt nur bei nebensächlichen Umständen verwendet würden. Das Gericht folgte den Zeugen bzw. Betroffenen, merkte aber kritisch an, dass man trotz aller bestehenden Zweifel Born noch auf dem Scheitelpunkt der Widersprüche als Kameramann nach Nigeria schickte. Angeblich, so die Redaktion, weil alles vorbereitet und die Recherche redaktionsintern erfolgt war. Born sollte nur Bilder liefern.

Selbstverständlich hielt die Strafkammer diese Ausrede nicht für tragfähig. Sie urteilte:

> *»In dem Bestreben, sensationelle Bilder aus Nigeria zeigen zu können, stellte die Redaktion vielmehr die seit dem Teppich-Gutachten bestehenden Bedenken gegenüber Born zurück, weil er bereit war, diesen nicht ungefährlichen Auftrag zu übernehmen, der eigenen Redakteuren von stern-tv und dem Zeugen (...) zu riskant war.«*

Man hätte Born aufgrund der offenen Fragen wohl nicht nach Nigeria senden sollen. Das Gericht ging jedoch nicht so weit, dem Chefredakteur Zaik und seiner Mitarbeiterin Hüpen Gleichgültigkeit zu unterstellen. Die Redaktion sei in ihrem wachsenden Misstrauen nach dem gefälschten Bericht über Kinderarbeit für IKEA berechtigt gewesen, mehr noch nicht. Gleichwohl, so das Gericht, hätte Born durchaus früher enttarnt werden können.

Aktivität erzeugt Anerkennung. Die immer neuen Aufträge an Born durch Sender bedienten die Sucht der narzisstischen Persönlichkeit nach Aufmerksamkeit: größere Statussymbole bedingten neue Fälschungen. Die Strafkammer folgte dem Sachverständigen; sie *»konnte sich in den zwanzig Verhandlungstagen selbst von der Vitalität und Ruhelosigkeit des Angeklagten überzeugen.«* Nichtsdestotrotz könne man nicht von einer erheblichen Beeinträchtigung der Steuerungsfähigkeit ausgehen.

So resultierte aus den Taten eine Verurteilung wegen: Betruges in 16 Fällen, versuchten Betruges in 4 Fällen, Sachbeschädigung, Betruges in Tateinheit mit Volksverhetzung, Aufstachelung zum Rassenhass, Beleidigung, Verunglimpfung des Andenkens Verstorbener, Verwendung verfassungsfeindlicher Kennzeichen, Organisation und Vortäuschen einer Straftat, falsche eidesstattliche Versicherung, Urkundenfälschung, unerlaubte Einfuhr einer Schusswaffe mit Munition, unerlaubter Besitz und Überlassen von Waffe und Munition, Töten eines Wirbeltieres ohne Grund, Fahren ohne Fahrerlaubnis.

Das Strafmaß für Michael Born wurde auf 4 Jahre festgesetzt, jenes seiner Mittäter Peter M. A. R. und Georgios C. auf 7 Monate mit Bewährung sowie 2 Monate mit Bewährung und eine Geldstrafe.

Fazit: Michael Born verdient weder Mitleid noch Anerkennung. Er war kein Underdog, kein Robin Hood. Er hat seine Strafe zu Recht voll verbüßt und ist danach früh verstorben. Isoliert, verarmt, abhängig vom Alkohol, wie Thomas Pritzl berichtet.

Da hat der TV-Fälscher leider was verpasst: Den Möglichkeiten von Social Media und alternativen Nachrichten hätte er sich mit Sicherheit bedient und wäre vielleicht zu einem Hauptmann von Köpenick der Neuzeit geworden: Kriminell, mit luzidem Charme und möglicherweise spät zu Ansehen und Wohlstand kommend wie damals auch Friedrich Wilhelm Voigt, der Schuster war und zum hochstapelnden preußischen Hauptmann wurde. Kriminell aber unterhaltsam und bekannt genug, damit er von Kaiser Wilhelm II. vorzeitig begnadigt wurde.

Die Macht sozialer Medien lässt indes auch das erheblich gesteigerte Gefahrenpotenzial erahnen, welches Borns Taten aufzeigen.

Nachrichtenwerte und ihre Relevanzindikatoren

Von Stefan Piasecki

Die Umstände gefälschter Nachrichten, die am Ende zu einem Krieg führen, hat 1938 der britische Autor Evelyn Waugh in seinem Roman »Scoop« beschrieben. In diesem satirischen Werk wird der faule Reporter einer englischen Zeitung von einem unfähigen Chefredakteur ausgewählt und in ein kleines Land auf dem Balkan geschickt, von dem es heißt, dass es dort Unruhen gäbe. Der Reporter aber schläft im Zug ein und steigt am falschen Bahnhof aus. Um sich nicht zu blamieren, telegrafiert er in die Redaktion von Demonstrationen und Protesten sowie Schießereien. Dort ist man nicht wenig überrascht, dieses aus einem anderen Land zu hören als erwartet. Dennoch bringt man den Text und es geschieht, was der faule Berichterstatter nicht bedacht hatte: Andere Zeitungen schreiben ab und bringen die Story ebenfalls. Kurz danach senden immer neue kontinentale Redaktionen ihre Reporter dorthin in den Zwergstaat. Die finden zwar nichts, glauben jedoch nicht an einen eigenen Irrtum und drehen das Rad der erfundenen Nachrichten weiter. Daraufhin brechen Aktienmärkte ein, es kommt zu realen Protesten und am Ende herrscht Bürgerkrieg. Der Autor der faulen Ursprungsgeschichte bekommt einen Preis für besonders engagierten Journalismus.

Wenngleich nur eine Romanerzählung, so finden sich hier doch alle Bestandteile und Garanten eines wirksamen Journalismus und er erscheint als Drehbuch für mit Journalismus-Preisen überhäufte Fälscherkarrieren: Es kommt nicht auf die Wahrheit an, sondern darauf, was andere für die Wahrheit halten. Danach richten sie ihre Haltungen und Handlungen und auf Basis jener wird abermals berichtet.

Im Sinne einer Schuldanalyse und anerkennend eine vorherige Unschuldsvermutung sollte gefragt werden, inwieweit Borns Vorgehensweise einen Sonderfall darstellte. Ist sein Betrug singulär? Oder eher üblich und normal? Zu diesem Zweck verbietet es sich, aus der heutigen Perspektive heraus rückblickend zu urteilen. Vielmehr muss berücksichtigt werden, wie zu seiner Zeit der Journalismus beschaffen war, welche Werthaltungen bei Journalisten vorherrschten, ob man realistisch erwarten konnte, dass Michael Born seriöse Reportagen lieferte. Ein gefälschter TV-Bericht ist das eine, eine unterhaltsame verfilmte Story, die auf eine ebensolche Unterhaltungserwartung trifft, wäre das andere. Niemand muss Maßstäbe einer professionellen Berichterstattung anlegen, wenn eine solche überhaupt nicht erwartet wird. Im nachfolgenden analytischen Überblick soll demnach vornehmlich auf Theorien, Erkenntnisse und Fachliteratur verwiesen werden, die auch Born hätte kennen können.

Allerdings muss zunächst gefragt werden, was Journalisten überhaupt sind. Die fehlende berufliche Definition zwang die Forscher Weischenberg, Malik und Scholl zur Vornahme einer solchen. Journalisten seien diejenigen Personen *»die hauptberuflich und hauptsächlich damit beschäftigt sind, aktuelle, auf Tatsachen bezogene und (für ihr Publikum) relevante Informationen zu sammeln, zu beschreiben und in journalistischen Medien zu veröffentlichen«* (dies. 2006, 21). Das passt zum Roman »Scoop« und dieser illustriert gleich weitere Fragen: Wer fälscht Nachrichten oder Beiträge – ob für gedruckte Wochenmagazine oder das TV? Warum wird das getan? Was sind die Folgen?

Journalistischen Betrug und Fehlverhalten hat es immer gegeben. Durch gefälschte Meldungen, »Enten«, heute *Fakes* genannt, wurden Massenpaniken behauptet, Kriege begonnen, wirtschaftliche Entscheidungen erzwungen. Aber auch Aktienkurse manipuliert und Firmenbetrügereien aufgedeckt. Manche Meldungen wiederum stellten sich später als wahr heraus (Wirecard!), andere Wahrheiten als falsch (irakische Massenvernichtungswaffen). Medien und Menschen stehen in einem stetigen Wechselspiel zueinander, sind aufeinander bezogen, beeinflussen sich und sind nicht zuletzt voneinander abhängig. Doch während der Schaden eines mit Falschgeld bezahlenden Zeitungskäufers überschaubar bleibt, ist jener eines falsch berichtenden Mediums ungleich größer, da viel mehr Empfangspersonen davon betroffen sind. Er kann in finanziellen individuellen Schäden bestehen, dem Verlust des Arbeitsplatzes, gesellschaftlichen Destabilisierungen, internationalen Verwicklungen.

Bei den Fälschern (meistens übrigens Männer ...) mag es um Eitelkeiten gehen, Geltungssucht, Geldgier oder weitere und alle genannten Gründe zusammen. Wer das verstehen möchte, muss wissen, wie Medien arbeiten. Wie die Mechanismen funktionieren, innerhalb derer Menschen um ihre wirtschaftliche Existenz und ihr berufliches Fortkommen ringen. Denn letztlich geht es immer darum: Alle – jene, die fälschen und jene, die als Abnehmer von Fälschungen betrogen werden – wollen im Spiel bleiben. Die einen produzieren *Fakes,* die anderen wollen sich dagegen wehren oder glauben gerne an den schönen Schein, weil die Geschichte Auflage verspricht (oder Reichweite). Leser möchten einerseits akkurat informiert, aber eben doch auch unterhalten werden. Medienmacher wissen das und die Gewichtung von Information und Kurzweil verändert sich gemäß der politischen wie gesellschaftlichen Umstände oder der eigenen wirtschaftlichen Gegebenheiten.

Wie kommen Nachrichtenthemen zustande?

Bei der Auswahl von Nachrichtenthemen geht es, in schöner Theorie gesprochen, um die Differenzierung zwischen *»sozialen Sachverhalten, ihrer Deutung als Problem und der gesellschaftlichen Anerkennung der Problemwahrnehmung in einem diskursiven Prozess«* (Schetsche 1996, 12). Schetsche nannte diesen Prozess *»Problemkarriere«* und stellte das Modell des *»Wahrnehmungskokons«* vor, der eine Problemwahrnehmung erst erzeuge, die dann *»von den Massenmedien in der Bevölkerung und bei den Instanzen des Wohlfahrtsstaates verbreitet«* würde (a.a.O., 13). Solche Abläufe sind von Interesse ebenso wie die Beleuchtung der publizierenden Teilnehmer daran und ihre möglichen Interessenlagen: finanziell und ideell (Weltanschauung, Ideologie). Es muss insbesondere ein Blick darauf geworfen werden, was in den Medien über einen Sachverhalt von wem gesagt und wie das Gesagte in einen Gesamtzusammenhang gestellt wird. Und vor allem, wie es anschließend Eingang in die öffentliche Debatte nimmt bzw. welches Bild davon die Medien für diese Debatte aufbereiten. Bei manchen Themen, beispielsweise Extremismus oder Kriminalität, gehen die Resultate schnell weit über den Moment einer ersten Aufregung hinaus und es kann zu gefährlichen Folgereaktionen kommen: Übergriffen, Beleidigungen, Sachbeschädigungen, Widerstandshandlungen.

Ob überhaupt etwas berichtet wird, bemisst sich an unterschiedlichen Faktoren (dazu später mehr) wie beispielsweise *Relevanz* oder *Marktgängigkeit.* Hierüber informiert die sogenannte *Nachrichtenwerttheorie.* Sie geht davon aus, dass sich sowohl Anbieter als auch Rezipienten in ihrer Nachrichtenauswahl von bestimmten Faktoren leiten lassen, die ein Interesse an einer Nachricht begründen (Höfner 2003, 3). Prominent wurde sie vertreten von Autoren wie Walter Lippmann (1922), Johan Galtung und Mari Ruge (1965), seit den 1970ern von Winfried Schulz und aktuell von u.a. Hans Mathias Kepplinger. Sie analysiert die Auswahl und Aufbereitung von *Einzelinformationen* zu einer *Nachricht*. Der Brand in einem Altersheim ist bundesweit von Bedeutung, wenn Missstände zugrunde liegen, die überall auftreten könnten. Der von einem Hund gebissene Postbote nur dann, wenn der Hund einem Prominenten gehört. Oder wenn der Postbote den Hund beißt.

Subjektive Meinungen von Journalisten und Betrachtungen von Augenzeugen und Interviewpartnern werden gemeinsam mit den Reaktionen und Sichtweisen der Zuschauer und Leser zu einem Abbild der *öffentlichen Meinung* zu einem Thema. Durch die Digitalisierung und die Zunahme von internetbasierten Publikationen steht heute die Bedeutung von Social-Media-Kanälen im Vordergrund. Ebenso sind sich verstärkende Nachrichtentendenzen durch internationale Berichterstattungen zu beachten. Eine Falschnachricht kann auf ihrem Weg um die Welt zu vollkommen unterschiedlichen Reaktionen führen, wie sich schon an Protesten in der islamischen Welt aufgrund von tatsächlichen oder behaupteten Koranschändungen in den USA zeigte.

Man sagt, dass Leserinnen und Leser durch ihr Vertrauen auf Inhalte dem sog. *hegemonialen Diskurs* vertrauten – das bedeutet, dass sie dem Glauben schenken, was die tonangebenden Medien berichten. Das müssen sie auch, denn kaum jemand ist oder war direkter Augenzeuge dessen, worüber man liest oder was man im TV sieht. Was man jedoch im TV gesehen hat, nimmt man zunächst für bare Münze und erzählt anderen davon. Sechs Menschen glauben daher den Hergang eines Unfalls zu kennen, von dem drei gelesen und drei gehört haben, obwohl niemand von ihnen anwesend war. In persönlichen Gesprächen werden jene Themen aufgegriffen, die auch in Medien vorkommen, sie sind damit Folgen des sogenannten *»Agenda-Setting-Effekts«* der Massenmedien. Dieser beschreibt, dass Inhalte durch Medien in die Öffentlichkeit gebracht, dort gehalten und von dort wieder vertrieben oder abgewandelt werden können. Schon in der Vergangenheit zeigte sich anhand eines Essays von Heinrich Böll, wie schnell aus einem Artikel eine entfesselte Welle mit großer politischer und gesellschaftlicher Relevanz werden kann. Kepplinger nennt beispielhaft die Auseinandersetzung um Heinrich Bölls *Spiegel*-Artikel »Will Ulrike Gnade oder freies Geleit?« von 1972 (Ausg. 3-1972, 54-57). Man warf Böll Relativierung der linken Terrortaten vor. In der öffentlichen Diskussion verschwand nach der Veröffentlichung der ursprüngliche Anlass, eine von Böll beabsichtigte Auseinandersetzung mit den Motiven der RAF, bald aus dem Zentrum der Betrachtung. Stattdessen entwickelte sich ein Diskurs über Links- und Rechtsradikalismus, der außer Kontrolle zu geraten drohte (Kepplinger 1999, 705 f.). Wenig später war es der Lauschangriff auf den »Bürger T.«, aufgrund dessen der *Spiegel* in seiner Berichterstattung eine 180-Grad-Kehrtwende vollführte und innerhalb weniger Ausgaben nicht mehr die RAF und den Linksextremismus auf die Anklagebank setzte, sondern den Staat als Terrorbekämpfer. Er forderte den Rücktritt des Innenministers Maihofer und wurde letztlich im Juni 1978 belohnt.

Der niemals stattgefundene »Fall Sebnitz« im Jahr 1997 entfachte nach den (sehr wohl stattgefundenen) fremdenfeindlichen Übergriffen in Rostock-Lichtenhagen, Hoyerswerda oder Solingen in der ersten Hälfte der 1990er Jahre Entsetzen. Im Kern handelte es sich bei dem Fall um den tragischen Unfalltod eines kleinen Jungen, Joseph, dessen Vater Iraker war und dessen Mutter lokale SPD-Abgeordnete. Beide Ehepartner waren Apotheker. Die Mutter behauptete wahrheitswidrig, Neonazis hätten den kleinen Joseph in einem Freibad ertränkt. Menschlich und psychologisch sind Phänomene einer verfälschten oder verzerrten Wahrnehmung nach schwer zu verarbeitenden Unglücken verständlich. Werden diese unkritisch aufgegriffen, können sich aufgrund der Außenwirkung und des öffentlichen Interesses schnell gesellschaftliche Dynamiken ergeben, die mit dem Ursprungsanlass, einem tragischen Unglück, nichts mehr gemein haben.

Schon seit dem politischen Durchbruch der GRÜNEN Mitte der 1980er Jahre erfuhr die Öffentlichkeit (und damit die Politik) in Deutschland eine Remoralisierung von Diskursen (Schieder 2001, 36). Der Fall Sebnitz, vorher der Skandal um die Ölplattform Brent Spar oder die zündelnde Rolle des *Spiegel* beim Hochschreiben einer Bedrohung der Gesellschaft durch Asylanten und des nachfolgenden Rufes nach einem Kampf gegen Rechts, nur um bald wieder vor Ausländern zu warnen (siehe unten), vermitteln ein Gespür der alarmistischen und emotionalen Stimmung der deutschen Publizistik in den 1990ern. Dem Jahrzehnt, in welchem der hier porträtierte Fall Born sich zugetragen hatte.

Medien zwischen Informationspflicht und Margendruck

Seit den Tagen des Egon Erwin Kisch (1885-1948), der wie kein anderer mit seinen Reportagen aus fernen Ländern nicht nur den Journalismus, sondern vor allem auch die deutschen Lesegewohnheiten und Erwartungen geprägt hatte, definieren die großen sieben »W« den inhaltlichen Rahmen professioneller journalistischer Arbeit: Wer?, Was?, Wo?, Wann?, Wie?, Warum? Woher?

Mit der Beantwortung dieser Fragen kann nach den Regeln des Journalismus jeder Inhalt dargestellt und vermittelt werden (LaRoche 1991 / 1975, 81 f.). Heute wäre möglicherweise noch *Wodurch* hinzuzufügen, denn Social Media prägt einen wichtigen Teil der Nachrichtenvermittlung und -rezeption.

Jene, die als Journalisten Themen behandeln, welche die Gesellschaft verändern und beeinflussen können oder sollen und die für ihre Arbeit Glaubwürdigkeit beanspruchen, müssen aber auch Fragen beantworten können. Nämlich solche nach dem vollständigen Umfang des Inhaltes einer ursprünglichen Information, der Motivation des Berichtenden und dem Wesen der Berichterstattung. Das ist deshalb wichtig, weil nicht nur die Nachricht selbst von Bedeutung ist, sondern der Grund, warum über sie berichtet wird. Ein Beispiel: Eine Journalistin oder ein Journalist, der den Lärm von Motorrädern oder Kindergeschrei als belastend empfindet und sich gestört fühlt, könnte eine Neigung entwickeln, besonders gerne darüber zu berichten, und das öfter als vergleichbare Kolleginnen und Kollegen. Gleiches lässt sich über Hobbies oder politische Einstellungen sagen. Durch die erhöhte Zahl von Berichten zu einem Thema erhalten Leserinnen und Leser aber u.U. eine falsche Weltsicht, nämlich hier, dass Lärm ein verbreitetes Problem sei und sehr viele Menschen sich dadurch gestört fühlten. Um Nachrichten zu erzeugen, bedienen Journalisten sich bestimmter Arbeitsroutinen und entwickeln eine *»news perspective«*:

> »[TV Journalists – Einf. d. Verf.] *acquire a sophisticated stock of knowledge about what is relevant and they learn how to treat the production of events into news stories through the application of cognitive and evaluative criteria which are more firmly embedded in the organizational*

context of newswork than the reality of the events themselves or consistent interpretations of epistemological concerns, including the problem of objectivity« (Altheide 1989, 89).

Das nach Art. 5 GG verbriefte Recht zur freien Meinungsäußerung erlaubt jedem, sich frei zu äußern und seine Meinung öffentlich kundzutun – dies auch unter der nicht geschützten Berufsbezeichnung »Journalist« (Hesselberger 2003, 95 ff.).

Es gibt weitreichende Erwartungen an die journalistische Arbeit, die deutlich über die reine Aufbereitung von Nachrichten hinausgehen und welche, je nach Verfasstheit des herrschenden politischen Systems – nicht zuletzt politische bzw. gesellschaftspolitische Komponenten beinhalten. Vor allem wird in liberalen und demokratischen Gesellschaften verlangt: Neutralität und Authentizität.

> *»Distanz halten, sich nicht gemein machen mit einer Sache, auch nicht mit einer guten, nicht in öffentliche Betroffenheit versinken, im Umgang mit Katastrophen cool bleiben, ohne kalt zu sein. Nur so schaffst du es, daß die Zuschauer dir vertrauen, dich zu einem Familienmitglied machen, dich jeden Abend einschalten und dir zuhören.«* (Hanns-Joachim Friedrichs: Interview im *Spiegel* 13/1995, 113)

Die sieben »W« markieren demnach nicht nur die zentralen Fragestellungen seriöser journalistischer Arbeit, sondern umspannen auch den Rahmen für die Ansprüche an sie und ihre Arbeit. Nur in den allerseltensten Fällen wird frei von Erwägungen Dritter darüber referiert, was berichtenswert ist.

Jede Berichterstattung folgt Regeln – in Arbeit und Meinung freie Journalisten wirken dennoch gemäß des Auftrages und politischer Ausrichtung ihres Mediums oder Verlages. Sie berichten darüber, was wohl für die Kundschaft (Leser, Zuschauer) interessant und für die Anzeigenkunden etc. angebracht erscheint. Journalisten sind Teil des vorherrschenden Diskurses und konstruieren Wirklichkeit – damit ist der Inhalt von Nachrichtenmedien das Produkt einer Vielzahl von Einflussfaktoren auf journalistische Selektionsentscheidungen (Donsbach 1993, 143).

Zeitungsverlage, die sich angesichts schrumpfender Auflagenzahlen und in Konkurrenz zu Online-Medien in immer weniger Händen befinden[2] sowie öffentlich-rechtliche und private Medienanstalten haben unterschiedliche Interessen an Darstellung und Auswirkung von realen Geschehnissen. Trotzdem befinden sie sich im gleichen wirtschaftlichen Umfeld und wirken in eine einzige Gesellschaft hinein.

Neutralität, Abhängigkeit und Unabhängigkeit im Journalismus

Nach dem Zweiten Weltkrieg verstanden Medien sich nicht nur mehr als unabhängige, sondern mit den drei klassischen Staatsgewalten gleichberechtigte Macht, die nicht weniger, sondern mindestens ebenso legitimiert und bedeutend sei wie diese (Donsbach 1999, 498).

Daraus ergeben sich insbesondere dann Schwierigkeiten, wenn Berichte eine gesellschaftliche und politische Impulskraft erhalten. Dies ist regelmäßig bei Themen der Ausländerkriminalität, der Polizeigewalt, des Asylmissbrauchs oder des Rechtsradikalismus der Fall. In Situationen also, die an die Grundauffassungen der Gesellschaft rühren und Menschen gefährden können. Oder wenn Themen überdeutlich stark präsentiert oder aber heruntergespielt werden (z.B. die frauenfeindlichen sexuellen Übergriffe durch Ausländer in der Kölner Silvesternacht 2015, über welche zunächst von großen Medien nicht berichtet wurden. Diese Verweigerung führte zu einer verzögerten und noch schlagzeilenträchtigeren Berichterstattung sowie verbreitetem Misstrauen in der Bevölkerung). Hier vermischen sich dann publizistischer Auftrag, persönliche Einstellungen und politisch-gesellschaftliche Erwartungshaltungen.

Eine Studie des Sozialwissenschaftlichen Forschungszentrums der Universität Erlangen / Nürnberg ergab schon in den frühen 70er Jahren, dass bei angehenden Journalisten als Grund für die Berufswahl das Motiv dominierte, wonach »*aus einer journalistischen Einflussposition heraus helfend und korrigierend in das (Welt-) Geschehen eingegriffen werden kann*«. Bei

---

[2] Seit den 1960er Jahren haben sich in der Bundesrepublik vier große Verlagsgruppen herausgebildet: Heinrich Bauer-Verlag, Hamburg; Burda-Gruppe, Offenburg; Axel Springer-Verlag, Hamburg; Gruner + Jahr, Hamburg; Noelle-Neumann 1989, 284 (siehe sehr ausführlich auch Schütz 2005)

dieser, unter journalistischen Berufsanfängern durchgeführten Umfrage, erhielten insbesondere Aussagen große Zustimmung, die ein aktives und selbstbewusstes (damit nicht rein berichtendes) journalistisches Selbstverständnis weiter unterstrichen: *»Man kann Missstände aufdecken«* und *»Man hat die Möglichkeit, Menschen zu helfen«.*

Dass sich Journalisten gerne in Distanz zu den gesellschaftlichen und politischen Verhältnissen verorten, zeigt die große Zustimmung zu den Aussagen *»daß der Journalismus ein unbürgerlicher Beruf sei«*, die Ablehnung der Aussage *»Der Journalist sollte bei seiner Arbeit immer die Interessen des Staates vertreten«* oder die Hoffnung *»Man kann an der Demokratisierung der Bundesrepublik mitwirken«.* (Gruber, Koller und Rühl 1975, 344).

Veränderungen in der Einstellung zum Beruf:	**1981/81**	**1992**
Missstände aufdecken:	70%	67%
Interessante Leute treffen:	55%	67%
Interessen weiterentwickeln:	38%	63%
Verdienstmöglichkeiten:	13%	43%
Gute Zukunftschancen:	1%	24%
Kritiker von Missständen:	95%	95%
Wächter der Demokratie:	79%	81%
Anwalt der Benachteiligten:	70%	74%
Sprachrohr:	47%	64%
Unterhalter:	54%	77%

Abb.: Berufsmotivation von Journalisten nach Gruber / Koller / Rühl und Schneider / Schönbach / Stürzebecher (Gegenüberstellung: Piasecki)

Allerdings: Anhand einer neueren Umfrage von 1992, die ihrerseits Vergleiche zu einer Studie im Jahr 1980/81 anstellte, wird der Wandel weg vom reinen wertegetriebenen Individualismus zu einem fortschreitenden Hedonismus deutlich. Der wurde auch für die Arbeit von Michael Born charakteristisch. Er war ja aufgrund seines Lebensalters Teil der Sozialisationskohorte dieser Umfragen.

Während nämlich von 1981 zu 1992 das Interesse an Missständen leicht abnahm, stieg der Wert der *»interessanten Leute, mit denen man zusammenkommt«* und der *»Möglichkeit, Interessen weiterzuentwickeln«.* Von Bedeutung für die Charakterisierung der Handlungen von Michael Born erscheint ebenfalls, dass der Wert von *»Verdienstmöglichkeiten«*, das *»Ansehen des Journalisten«* (1980/81: 2% zu 10% 1992) und die *»guten*

Zukunftschancen« für journalistisch Tätige immer wichtiger wurden (Schneider, Schönbach und Stürzebecher 1993, 20 f.).

Gleichwohl war Anfang der 1990er der deutsche Journalismus in seiner Rolle gesellschaftlicher Verantwortungsträger nach wie vor sehr selbstbewusst. Journalisten sahen sich nahezu unverändert als *»Kritiker von Mißständen«* und *»Anwalt der Benachteiligten«*. Allerdings fühlten sie sich ebenfalls sehr deutlich nicht mehr nur ihren eigenen Idealen verbunden, sondern auch als *»jemand, der die Leute unterhalten sollte«* (a.a.O., 23).

Der Wunsch zu unterhalten lässt so auch Karidi urteilen, dass heute die Realität von Medien anders dargestellt werde als noch vor 30 Jahren (Karidi 2016, 177). Es gehe deutlich mehr um Skandale, Konflikte, negative Meldungen und vermehrt würden Experten und Prominente präsentiert (Karidi 2022).

Es ist demnach nicht mehr die Nachricht an sich, die interessiert. Man will etwas bewegen, Geld verdienen, unterhalten und dadurch wohl auch das eigene individuelle Ansehen herausstellen. Der persönliche Einfluss und die kreative Färbung der Realitätswahrnehmung anderer ist ein anerkanntes und verbreitetes Motiv geworden.

Ein solches, durch persönliche Motivation und Idealismus geprägtes Interesse an gesellschaftlich-politischen Vorgängen hat seitdem Generationen von Journalisten beeinflusst und den medialen Zeitgeist dominiert. Die Berufsanfänger von damals finden sich heute an leitenden Positionen in den Redaktionen der Republik. So gelten für Sarcinelli schon die Rundfunkräte der öffentlich-rechtlichen Sender als Einfallstore für politische und gesellschaftliche Beeinflussung (Sarcinelli 2011, 47). Diese wählten die Intendanten und Teile der Verwaltungsräte. Die Intendanten leiteten die jeweilige Rundfunkanstalt und die Programmgestaltung. Schon die Kontrollorgane sind demzufolge politisch besetzt und voreingenommen.

Gemäß der Umfragen veränderte sich seit den 1970ern die Berufsauffassung von Journalisten innerhalb von drei Jahrzehnten dahingehend, dass sie sich zur Umsetzung ihrer eigenen Ideale verpflichtet sehen, die Welt verbessern wollen und andererseits auch verinnerlicht hatten, dass »die Leute« unterhalten werden sollten. Hierdurch wurde Medien eine erhebliche Macht zur Gestaltung gesellschaftlicher Prozesse zuteil, an die sich das Umfeld anpasste:

> *»Entscheidend ist weniger, ob die Medien tatsächlich Macht haben; entscheidend ist vielmehr, ob allgemein angenommen wird, daß die Medien Macht haben. Wenn das der Fall ist, verhalten sich alle so, als hätten die Medien politische Macht. Und das ist in seinen Folgen gleichbedeutend mit tatsächlicher Macht der Massenmedien«* (Schulz 1997, 46).

Was ist aber problematisch daran, wenn Journalisten sich zunehmend aufgerufen fühlen, Sachverhalte gemäß eigener Auffassungen und Ziele zu präsentieren? Das wird deutlich, wenn zum Beispiel die persönlichen politischen Einstellungen in den Blick genommen und mit jenen der Bevölkerung in Abgleich gebracht werden. Sind Journalisten ein Querschnitt der Gesellschaft?

Laut der zitierten Umfragen war ihr politisches Rollenverständnis traditionell eher links und auf eine politische Einflussnahme und Führungsfunktion der Medien ausgerichtet (Donsbach 1999, 500). Diese Tendenz hat sich bis heute fortgesetzt und wird ergänzt durch politische Einflüsse aus den Kontrollorganen heraus.

Als Zwischenstand zwischen 1993 und 2022 bestätigten auch Weischenberg, Malik und Scholl (2006) in einer repräsentativen Studie aus dem Jahr 2005, für welche damals 1.500 der 48.000 Journalisten in der BRD befragt wurden (vgl. 36 f.), dass diese sich »links von der Mitte« positionierten (a.a.O., 70). Die Stars unter ihnen beanspruchten sogar eine Definitionsmacht über die Wirklichkeit von Journalismus (a.a.O., 8). Als Verständnisbrücke zwischen Born (1996) und Relotius (2018) zudem aufschlussreich: jüngere Journalisten hatten 2005 weniger Berührungsängste vor umstrittenen Recherchemethoden (a.a.O., 174 ff.).

Weitere Indizien für eine fehlende Neutralität lieferte eine Studie der FU Berlin in 2010. Sie ermittelte eine Präferenz von 46,6% für Parteien links der demokratischen Mitte (SPD, Grüne, Die Linke) gegenüber 16,4% für jene rechts davon (CDU/CSU, FDP). »Keiner Partei« sich zuordnend (oder bereit, eine zu nennen) waren 36,1% (Sonstige 0,9%) – waren das apolitische Menschen oder verkappte Konservative? Scheuten sie die Offenheit, weil sie ein intolerantes Klima spürten?

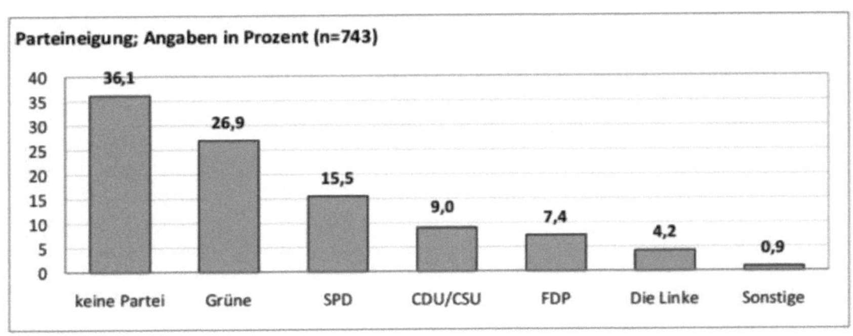

Abb.: Studie FU Berlin (2010): Parteineigung von Politikjournalistinnen und -journalisten (DFJV 2010)

In einer nicht repräsentativen Befragung von Volontären (also Berufsanfängerinnen und -anfängern) der ARD ergab sich 2020 eine Zustimmungsrate für linke Parteien (SPD, Grüne, Die Linke) von sogar 92% (siehe Hanfeld 6.11.2020)!

Damit ist klar, und ein Blick auf Bundestagswahlergebnisse lässt keine Fragen offen, dass der Mehrheit bürgerlich und liberal orientierter Menschen in Deutschland eine massive Übermacht politisch linker und teilweise radikal linker Ansichten in den Redaktionen entgegensteht. Eine genauere Analyse von Wahlergebnissen der GRÜNEN für den gleichen Zeitraum dürfte offenlegen, dass die sich im nämlichen Maße verbessernden Wahlergebnisse dieser Partei im Zeitraum nicht zuletzt auf diesen Effekt zurückzuführen sind.

Dominieren persönliche Weltanschauung, Wünsche und sogar Absichten von Journalisten, kann sich eine Polarisierung und zivilgesellschaftlich motivierte Aufladung der Berichterstattung entwickeln, deren Ergebnisse mit der Ursprungsinformation nicht mehr übereinstimmen. Der sogenannte »Haltungsjournalismus«, wie man ihn heute nennt.

Die persönliche Involviertheit der Schreibenden und ihre mögliche fehlende Distanz führen dann dazu, dass sie nicht nur nach spezifischen Gesichtspunkten Informationen auswählen, auswerten und verbreiten sowie politischen Akteuren zu Öffentlichkeit verhelfen (oder diese verhindern) bzw. Themen setzen (den »Systeminput und -output strukturieren«; Schulz 1997, 49). Sie sorgen auch dafür, dass die »Medienwirklichkeit« zu einer spezifischen *»Brechung der Wirklichkeit«* (a.a.O., 54) wird.

Gleichwohl stellt sich die Presse gerne in einer Funktion als neutral berichtender Aufpasser, als *»public watchdog«* dar (Stelzer 2006, 98). Mit einer »Haltung« ist Neutralität aber nicht vereinbar und wenn viele die gleiche Haltung haben sollten, steigen Filterblasen auf, die ihren Insassen kaum noch deutlich werden, aber bald die Außenwelt ausschließen.

Der Chronist von Michael Born, Thomas Pritzl, der diesen mehrfach auch nach der Haftentlassung sprach, charakterisiert diesen als eindeutig politisch links orientiert, sogar als Antifa nahestehend mit Kontakten zur kurdischen PKK und in die autonome Szene. Dies führte möglicherweise zu einer Bildung von Vorurteilen mit dem Drang nach Selbstbestätigung. Es erklärt vielleicht auch das Interesse, ausgerechnet mit Neonazi-Geschichten groß rauszukommen. In Bezug auf Medienproduktionen sagte der Religionspädagoge Ingo Reuter einst:

> *»Was in den Köpfen spukt, drängt zur Darstellung«* (Reuter 2008, 20).

Journalisten sehen sich, wie alle Menschen, eben auch versucht, der unausgesprochenen Erwartung von Politik und Gesellschaft und nicht zuletzt eigenen intellektuellen Idealen zu entsprechen. Wenn nun vornehmlich die eigene Haltung in die Generierung öffentlicher Meinung eingespielt wird und diese prägt, jene dann wieder zurückwirkt, entsteht genannte Filterblase, deren Weltsicht sich immer wieder selbst bestätigt, unabhängig aller Fakten.

Als Michael Born 1994 wahrheitswidrig von einem »deutschen Ku-Klux-Klan« berichtete (Ausstrahlung am 7. September), zielte er exakt auf unterschwellige Befürchtungen in der Bevölkerung (und den Medien), dass sich jederzeit neue fremdenfeindliche Übergriffe ereignen könnten. Er hielt offenbar selber die Möglichkeit solcher Umtriebe für derart denkbar und wahrscheinlich, dass er von einer Aufdeckung der eigenen Fälschung nicht ausgehen wollte. Für Kepplinger verständlich:

> *»Die Instrumentelle Aktualisierung, das bewusste Hochspielen von Informationen, die die eigene Sichtweise stützen, erscheint zahlreichen deutschen Journalisten durchaus vertretbar. (...) Falls die Darstellung der Ansichten erheblich von der tatsächlichen Verbreitung abweicht, handelt es sich hierbei um eine subtile Manipulation, weil die Leser, Hörer oder*

Zuschauer kaum eine Chance haben, das Verfahren zu durchschauen und die Wahrheit zu erkennen« (Kepplinger 1993, 168).

Schön bei Kepplinger: Das Fälschen, Pfuschen, *Hochpimpen* wird recht verharmlosend »instrumentelle Aktualisierung« genannt. Eine gesellschaftliche Skandalisierung lässt sich allerdings nicht lediglich durch die Ausschmückung einer Nachricht erreichen, sondern auch durch das Weglassen von Informationen.

Was begünstigte Michael Born? Medienprivatisierung ab 1984

Die medialen Gründerjahre nach 1949 waren von Journalisten wie Rudolf Augstein oder Axel Springer geprägt, die unter begünstigendem Einfluss der Westalliierten neue Formate und Konzepte ausprobierten oder aus Übersee importierten. Der *Spiegel* erschien erstmalig im Januar 1947 und orientierte sich in Form und Aufmachung an der 1923 in den USA gegründeten Zeitschrift *Time.* Ab 1952 übernahm der *Spiegel* für sich in Form des Untertitels »Das deutsche Nachrichtenmagazin« die amerikanische Bezeichnung »news-magazine« (vgl. Thofern 1998, 27). Die späten sechziger und siebziger Jahre sahen nicht nur fortschreitende Konzentrationen auf dem Medienmarkt, politische Umwälzungen und Reformen, ab 1969 die erste sozial-liberale Koalition unter Willy Brandt. Sondern um 1968 auch gesellschaftliche Auseinandersetzungen von bis dahin nicht gekannter Intensität, die sich nicht zuletzt gegen die Medien und hier vor allem die Medienmacht des Springer-Konzerns richteten (Sösemann 1999, 679). Medienunternehmer wie Leo Kirch, die mit dem Wirtschaftswunder ihre eigenen Karrieren und die ihrer Firmen begründet hatten, buhlten ihrerseits um Marktanteile und versuchten, ihren Einfluss auf andere Medienunternehmen zu vergrößern.

Mit den 1980er Jahren endete die Nachkriegsphase und es begann mit der Öffnung des »Ostblocks« die bislang nachhaltigste Stufe der Globalisierung, die im Zuge der Einführung von neuen Kommunikationstechnologien, Reisemöglichkeiten und der Weiterentwicklung der Computertechnologie im Westen sich schon in den späten 70ern Bahn gebrochen hatte.

Die 1990er Jahre brachten so einerseits durch neue Märkte in Osteuropa innovative Geschäftsfelder und beachtliche Gewinne. Andererseits jedoch erlaubte die immer billiger und verfügbarer werdende Informationstechnologie das Einsparen vieler Menschen.

Die nach 1949 vielleicht einschneidendste Veränderung auf kulturellem und medialem Gebiet erlebte die westdeutsche Gesellschaft mit der Einführung des privaten Rundfunks 1984. Sender wie *RTL plus* und *Sat1* traten auf den Markt mit anfangs unprofessioneller Moderation, simplen und kostengünstigen Spielshows und sogenannten »Mitternachtsfilmen« (Steinmetz 1999, 167 ff.).

Abb.: Abendnachrichten am 22.4.1984: Wohnzimmerstudio bei RTL, Nachrichtenredaktion bei der ARD (Grafik: Piasecki)

Der Gegensatz zu den als Dinosauriern geltenden öffentlich-rechtlichen Programmanbietern war dermaßen groß, dass die Zuschauer schon aus reiner Neugierde einschalteten. Die neue Art zu moderieren hieß »Infotainment«.

Anders als die herkömmlichen waren die privaten Sender weitgehend davon befreit, die volle Breite der gesellschaftlichen Meinungen und kulturellen Strömungen darstellen zu müssen: Es herrschten dort aber *»Konkurrenz- und Existenzkämpfe, Dominanz der Unterhaltung, robuste Verjüngung der Darbietungsart«* (Abich 1989, 195).

Während die Privaten demnach alles in ihren Möglichkeiten Stehende unternehmen mussten, um die neuen Zuschauer zu halten, waren die öffentlich-rechtlichen Sender gezwungen, sich dem Niveau der Konkurrenz anzunähern, wenn sie nicht Gefahr laufen wollten, weiter Marktanteile zu verlieren. Die Privaten gründeten neben ihren Hauptkanälen in den

Folgejahren zunehmend *spin-off*-Kanäle, um ihr Programm mehrfach zu vermarkten (neben bspw. RTL dann RTL2 und später Super RTL; Steinmetz 1999, 182 f.). Die Produktionszeitläufe wurden in einem wirtschaftlich sich fragmentierenden Markt beständig kürzer – die »Direkt- oder Live-Übertragung« war bald der Normalfall. Mit der weiter verbesserten Satelliten- und Zuspieltechnik wurde auch die kurzfristige Übermittlung ganzer Korrespondentenbeiträge möglich. Die Zuschauer steigerten gleichzeitig mit dem erweiterten Angebot nicht nur ihre Erwartungshaltung, sondern verlangten nach immer neuen und andersartigen Angeboten.

Der technische Fortschritt lieferte weitere Innovationen. Kameras wurden leichter und die Bildqualität besser. So konnten Menschen auch ohne komplexe Ausbildung zu Kameraleuten werden und selbst private Zufallsaufnahmen wurden sendefähig. Für den Autodidaktiken Born war dies die Grundvoraussetzung, überhaupt in der Branche arbeiten zu können. Es ist fraglich, ob er vor 1984 bei den damals dominierenden öffentlich-rechtlichen Rundfunkanstalten hätte arbeiten dürfen.

Multimediale Gesellschaft: Zwischen Anspruch und Kommerz

Wirtschaftliche Zwänge auf einem sich sättigenden Markt bestimmten ab 1984 immer stärker die Auswahl und Aufmachung von Themen. Bilder ersetzten Inhalte bzw. wurden als Träger von Information in Zeitschriften benutzt. Emotionen überstrahlten die nüchternen Fakten. Dynamik und Vielfalt der Privatsender färbte auch auf Wochenmagazine ab. Das *»gedruckte Fernsehen«* (Renger 2000, 232) der *Illus* trat neben die klassischen Informationsvermittler und führte *»weg vom kritisch argumentierenden Informationsjournalismus hin zum pflegeleichten und marktfreundlichen Dienstleistungsjournalismus«* (Löffler 1997, 19).

Der Wettbewerb beherrschte die Endredaktion. Anfang der 1990er hockten neben den bisherigen Platzhirschen im Markt der gedruckten Wochenperiodika *Spiegel*, *Stern* und *Zeit* plötzlich Zeitschriften wie der *Focus* oder die Wochenzeitung *Die Woche*. Im Osten eroberten sich Magazine wie die *Super Illu* einen bedeutenden Marktanteil.

Insbesondere am *Focus* lässt sich die neue Darstellung von Nachrichten, inspiriert vom Privatfernsehen, anschaulich machen. Abbildungen wurden farbig und die Texte mit bunten Diagrammen und Schautafeln illustriert, in denen das Gelesene optisch ansprechend aufbereitet und simplifizierend zusammengefasst wurde. Bildern und Grafiken wurde eine immer größere Bedeutung zuteil, da sie für sich sprachen und der Text in den Hintergrund rückte. Geschichten des *Focus* waren emotionalisiert und hatten teilweise Ratgebercharakter. Er war kein reines Nachrichtenmagazin, erschien aber moderner und machte neue Zielgruppen aufmerksam. Der *Spiegel* musste hier bald nachziehen.

Der öffentlich-rechtliche Bildungsauftrag, der zuvor als Ideal die Medienlandschaft beherrscht und beeinflusst hatte, war längst seines monopolartigen Status' verlustig gegangen. Für Löffler formte sich spätestens jetzt ein neuer Typ des Journalisten heraus und es ergab sich eine Spaltung des klassischen in einen E- und einen U-Journalismus:

> *»Der U-Journalismus ist Journalismus light. Er sieht sich als Vehikel der Unterhaltung, nicht als Instrument ernstgemeinter Information. Seine politische Haltung orientiert sich an den Markt-Erfordernissen. Politische Inhalte sind transformiert zur Markt-Veranstaltung. Der U-Journalist versteht sich nicht mehr als Transporteur von Meldungen, er versteht sich schon gar nicht als kritische Instanz mit ausgebildeter und unabhängiger Urteilskraft, und schon überhaupt nicht als Kontrollinstanz für die Mächtigen, gar als Wahrheitsbeschaffer der Demokratie. Der U-Journalist versteht sich ausschließlich als Mittler zwischen Konsum und Konsument«* (a.a.O., 21 f.).

Das »Infotainment« setzte sich immer weiter durch. Der Mensch und Mediennutzer war Mitglied eines *»absolut aktuell und authentisch über das gesamte politische Geschehen unterrichteten Publikums«* und somit Teil *»einer elektronischen Weltöffentlichkeit als moderner Variante der griechischen Polis«* (Schulz 1997, 11). Nachrichtenempfänger wurden zu Kunden einer Informationsindustrie, die immer mehr das »menschliche« einer Nachricht in den Vordergrund stellte bzw. öffentliche Personen in ihrer Menschlichkeit adressierte.

> *»Oberflächlich betrachtet ist Journalismus in der Populärkultur simpel zu erklären: er dient dazu, mit sensationeller Berichterstattung zwischen Fakten und Fiktion maximalen unternehmerischen Profit zu erlangen und*

vermarktet Schicksale und Gefühle mit dem Suggestionsmittel der journalistischen Glaubwürdigkeit« (Renger 2000, 17).

Erläuternde Hintergrundberichte nahmen ab, um einer größeren Vielzahl von Meldungen Platz zu verschaffen. »Bunt« war die neue Zielmarke für die Gestaltung von Blättern und Medien – nicht nur in gestalterischer Hinsicht, sondern vor allem auch inhaltlich. Das Ziel war eine Vielfalt von Themen und Meinungen.

Massentaugliche Berichterstattung sicherte Auflage, damit Marktanteil, direkten Zugang der Werbekunden zum Marktsegment und eine gute finanzielle Ausstattung. Gleichzeitig mit der höher gewichteten Bedeutung der Anzeigen- oder Werbekunden sank die Relevanz der klassischen Kunden, der Zuschauenden, -hörenden oder Lesenden. Der Käuferinnen und Käufer! Randthemen oder Themen ohne aktuellen Bezug brachten die Gefahr mit sich, Kunden zu langweilen und so auch die Werbekunden zu verstimmen.

Längere Reportagen in Magazinen reduzierten Text und ergänzten Bilder. Inhaltlich hatte sich vor allem die Präsentation von Nachrichten deutlich verändert:

> *»Wenn man sich eine fünfzehn Jahre alte Boulevardzeitung anschaut, kommt sie einem aufgrund ihres hohen sogenannten Grauwerts, also ihres hohen Anteils an Schrift, wie eine Qualitätszeitung vor. Auch wenn man alte »Kronen-Zeitungen« durchblättert, ist man erstaunt: Kaum Abbildungen und unglaublich viel Text«* (Thurnher 1997, 53).

In diesem Kontext, auf dieser Basis wirkte Michael Born und durfte wirken, denn die Besitzer von Medien (zu denen übrigens immer noch vielfach die SPD als politische Partei und damit als Mitspieler im politisch-gesellschaftlichen Diskurs gehört) sind wie alle Unternehmer an der Erzielung von Gewinn interessiert. Die Ware Information wird zu einem Produkt, das Preisschwankungen und Herstellungskosten unterliegt wie andere auch. Vor dem Hintergrund der sich zwischen 1980 und 2000 rapide gewandelten Medienlandschaft erscheint es für die Bewertung des Falles Born bedeutsam, die Frage danach zu stellen, welche Prioritäten Medien ihrer Informationspflicht einräumten. Jene erlegten sie sich Anfang der 2000er Jahre zumindest im Pressekodex selbst auf (Deutscher Presserat 2006). Während

Hanns-Joachim Friedrichs kurz vor seinem Tod im *Spiegel*-Interview Authentizität forderte, hatte bereits viel früher, nämlich 1971, Manfred Rühl die Erwartung an solche ethische Standards als »unrealistisch« (Rühl 1971, 143) bezeichnet. Es darf nicht vergessen werden: Auffassungen wie diese prägten Borns Sozialisation als Freelance-Journalist, denn sie spiegeln die Atmosphäre seines Wirkens wider.

Allerdings gilt auch: Die Fälschungsbereitschaft eines Menschen bleibt dann folgenlos, wenn sich keine Abnehmer für etwaige oder tatsächliche *Fakes* finden. Im Falle von Born gab es diese. Menschen haben sich mit seinen Vorschlägen befasst, selbst welche gemacht, seine Ergebnisse gesichtet, akzeptiert (angenommen oder hingenommen) und gesendet, verbunden mit einer Gewinnerzielungserwartung; Geld bei Born, Werbekunden und Reputation bei den Sendern. Die Frage nach der Auswahlbegründung von Nachrichteninhalten hing auch zur Wirkungszeit von Michael Born schon eng zusammen mit der Menge an Meldungen und dem verfügbaren Platz, wie Wilke schrieb: Das Angebot von Nachrichten sei stets größer als die Kapazität der Medien. Je begrenzter diese sei, umso schärfer stelle sich das Problem der journalistischen Auswahl (Wilke 1984, 34).

Wenn Themen dann aufgegriffen werden, steht aber offenbar nicht erstrangig die Information selbst im Zentrum, sondern schlicht die Nutzung der Information als Ware.

Kommunikation, auch im journalistischen Sinne, ist nach Lay nur möglich, wenn »*die Kontingenz der Information ernst genommen wird. Information unterliegt also stets der Selektion durch den Sprecher*« (Lay 1992, 124 f.). Versteht der *Sprechende* (gemeint ist der Kommunikator, zusammenstellende Reporter, der Sendende (nicht notwendig eine Person, sondern auch eine Institution, repräsentierend einen oder mehrere Menschen wie bspw. eine Redaktion) jedoch aus den verschiedensten Gründen bedeutende Teile der Information nicht oder will er sie nicht akzeptieren, lässt er sie weg oder wandelt er sie durch emotionale / persönliche Färbung (»Framing«), bleiben bestimmte Elemente einer Information unerwähnt. Von deren Fehlen wissen die Empfangenden nichts, dann wird die Nachricht aber zur bloßen, möglicherweise unterhaltsamen Geschichte. Mit einem Hauptplot und Nebenakteuren, die man mögen oder ablehnen kann. Mangels Verfügungsgewalt über alle Informationen (denn einige wurden ja weggelassen, andere verändert) sind die Empfangenden jedenfalls nicht mehr in der Lage, die neue Information wertneutral und eigenständig analysierend in ihr Weltbild zu integrieren. Sie verbleiben in einer Rolle als (aktiv) zuschauende Partei, treten mangels echten Erkenntnisgewinns aus ihrer (passiven) Rolle als Voyeur des gewichtet aufbereitenden Materials nicht heraus. Sie übernehmen fremderzeugte Meinungen. Hierin findet sich das wesentliche Merkmal der Arbeit Michael Borns. Er faszinierte mit einer Vermischung von Fakten und Fiktionen und speiste diese ein in das Weltbild- und Vorurteilssystem von Medienmachern und -nutzern gemäß seiner eigenen Prinzipien.

Der Spagat zwischen »unternehmerischen Zielen und journalistischem Selbstverständnis« erhöht zwangsläufig Druck auf Journalisten. Die Wirtschaftlichkeit eines Mediums bemisst sich immer stärker an seiner Tauglichkeit für Werbetreibende (Teichert 1996, 760).

Schon in den 1990ern war mit Jäger stets nach dem Grund zu fragen, der zu einem bestimmten Bericht führte:

> *»Jede Tätigkeit ist auf die Produktion eines bestimmten stofflichen oder geistigen Gegenstands gerichtet. (...) Vor jeder Tätigkeit existiert also ein Bedürfnis des Menschen, die Tätigkeit folgt einem Bedürfnis, wird also unternommen, um ein Bedürfnis zu befriedigen. (...) Ohne Motive erfolgen keine Tätigkeiten, auch wenn die Motive gelegentlich schwer zu entdecken sind, subjektiv oder objektiv verborgen sein mögen«* (Jäger 1993, 111).

Wenn diese Motive sich zu einem großen Teil aus dem eigenen, persönlich gefärbten Berufsethos oder wirtschaftlichen Zwängen speisen, entstehen thematische Verzerrungen. Realität wird nicht mehr wahrnehmbar, sondern kontaminiert, verunreinigt. Meinung und politische Gesinnung werden zu Marketingfaktoren, die sich finanziell auswirken. Verantwortungsbewusstsein, Wahrung der journalistischen Unabhängigkeit, Achtung vor der Wahrheit, authentische Wiedergabe von Informationen oder die Absage an Gewaltverherrlichung sowie die Vermeidung der Verletzung sittlichen oder religiösen Empfindens und der Diskriminierung ethnischer oder religiöser Gruppen stehen somit nicht selten hinter dem *»Willen zum »scoop«, zur Sensation«* (Teichert 1996, 751) zurück, wenn das Geschäft die *»alleinige Maxime des Handelns zu sein scheint«* (ebd.).

Aufgrund wirtschaftlicher Erwägungen wird die *Darstellung* einer Nachricht bedeutsamer als ihr Inhalt; gesellschaftliche Kommunikation geht fehl. Denn die Öffentlichkeit nimmt gewohnheitsmäßig eine veröffentlichte Nachricht als *Nachricht* mit Informationscharakter wahr, auch wenn sie lediglich das Desiderat eines (evtl. fiktiven) Geschehens ist. Kommt das heraus, geht Vertrauen verloren.

Fakten und Fiktionen in Print und Online

Wer in den 1990ern journalistisch arbeitete, d.h. in den 1970ern und danach sozialisiert worden war wie Michael Born, musste die Kritik an der Vermischung von fiktiven und realen Elementen in Medienproduktionen längst kennen. Nicht nur »Krieg der Welten« von 1939 war weithin bekannt. Die schillernde Debatte um Orson Welles Radio-Drama bietet noch heute interessante Analogien zum wirtschaftlichen Konkurrenzkampf zwischen Medienformen (damals: Radio und Zeitung; heute: terrestrische Nachrichtenverbreitung (klassisches TV) und Onlinemedien). Deutsche Produktionen wie »Smog« und »Das Millionenspiel«, welche Anfang der 1970er Jahre von vielen Zuschauern für echt gehalten worden waren, prägten die öffentliche Wahrnehmung und schufen Angst vor dominierenden und übermächtigen Technologiekonzernen oder Umweltzerstörung. Die Waldsterben-Debatte der 1980er und dessen Auswirkung auf die Nachrichtenproduktion ist hier ein Beispiel. Tiefe Einblicke in die Fälschungsanfälligkeit journalistischer Arbeit am Beispiel der BILD-Zeitung erlaubte zudem Ende der 1970er Jahre Günter Wallraffs »Der Aufmacher« (Wallraff 1977).

Die massivste Form von Medienschelte ereignete sich nach der Einführung des privaten Fernsehens in der Bundesrepublik 1984 (häufig formuliert von der Seite der nunmehr mit Konkurrenz konfrontierten öffentlich-rechtlichen Anstalten). Die Kritik entzündete sich an der angeblich seichten Unterhaltung oder der allzu einseitigen Darstellung und Häufigkeit von Gewalt und Nacktheit. Dabei hätte beim Blick ins europäische Ausland den parlamentarischen Befürwortern privater Sendeanstalten von vornherein deutlich sein müssen, dass die kommerziell wichtige Quote nur mit massenwirksamen Produktionen und nicht etwa Kultursendungen für Spartenzielgruppen erreicht werden kann. Dies bewiesen zur Zeit des Wirkens von Michael Born Spartensender wie 3Sat und Arte, die trotz erheblicher öffentlich-rechtlicher Förderung alles andere als Kanäle für die Massenunterhaltung wurden. Diese Privat-TV-Produktionen lebten von Spontaneität, Kreativität, auch Wildheit.

> *»Große etablierte Fernsehprogramme tun sich im Wettbewerb im Regelfall mit formalen und inhaltlichen Experimenten schwer. Es steht für sie viel auf dem Spiel. Stellen sich die Zuschauer nicht in der gewöhnten Größenordnung ein, kann ein »verlorener Tag« die Monatsbilanz gefährden«* (Walter 1999, 11).

Eine Änderung der bestehenden Strukturen erzwang das Internet. Zwar waren nach den Anfangsjahren mit einem gewissen Wildwuchs an Sparten und Anbietern hier die großen Verlage mit optisch und inhaltlich professionalisierten Angeboten bald präsent. Aber die technischen Möglichkeiten machten das System von Bereitstellung und Abrufung von Information wesentlich niedrigschwelliger als zuvor. Mitmachen konnten viele. Mittels des Internetkanals YouTube war jeder schnell Bild- und Videoreporter. Die Internet-Berichterstattung konnte ihre Stärke dort ausspielen, wo sie Vernetzungen und Verlinkungen anbot oder auf bekannte (und eindeutig bezeichnete) Informationen aufbaute. Dabei übernahmen Nutzer teilweise die Arbeit einer traditionellen Endredaktion. Neue Herausforderungen stellten sich: Wie lässt sich erreichen, dass Leser angesichts der Vielzahl begleitender, ergänzender und widersprechender Meldungen die Zielrichtung eines Artikels einordnen können (Meier 1998, 25)?

Die Informationsflut übersteigt in der Realität des Alltags die individuelle Kapazität für die Filterung der eigentlich bevorzugten Informationsteile. Umso wichtiger wurde es für Nutzerinnen und Nutzer, selbst Fähigkeiten zu entwickeln, die eine Analyse von Inhalten erlaubten. Renger analysierte, dass die Themen- und Inhaltsstruktur der Massenpresse sich weniger mit *»politischen, ökonomischen und militärischen Handlungen, welche traditionell jene Wirklichkeit ausmachen, die Journalismus üblicherweise zu reflektieren vorgibt«* beschäftigt, sondern eher mit einer *»Mischung aus Fantasie, unterhaltender Information, Romanliteratur, Fiktion und Symbolhaftigkeit«*. Und weiter:

> *»Der bekannt schlechte Ruf des Populärjournalismus bezüglich Wahrheit gibt nicht nur über professionelle »Fehler« der journalistischen Praxis*

(wie etwa mangelhafte Recherche) Auskunft, sondern auch über die Wissenseliten und deren interne Hierarchien« (Renger 2000, 162).

Selbstverständlich ist also zu fragen, warum und wie Born so lange fälschen konnte. Einerseits produzierte er die geforderte *Mischung aus Fantasie, unterhaltender Information, Romanliteratur, Fiktion und Symbolhaftigkeit,* wie Renger ausführte. Andererseits unterlief er redaktionelle Schutzsysteme. Damit erlaubt er einen seltenen Blick in die internen Hierarchien und Erwartungen von Wissenseliten. Man darf vermuten, dass ethisches und journalistisches Gewissen solange leicht zu besänftigen sind, wie ein Fälscher präzise liefert und vor allem nicht auffällt. Dem populären Journalismus sind jene Mechanismen zuzuordnen, die zum Zwecke der Steigerung von Aufmerksamkeit Nachrichten oder Themen auf eine Art präsentieren, die mit den tatsächlichen Fakten nicht deckungsgleich ist. Dabei werden auch Elemente (Bilder etc.) verwendet, die zu eben jenem Zwecke erstellt oder verfremdet wurden. Meyer kritisiert demnach, dass das *»Grundgesetz der Aufmerksamkeitserzeugung in der Medienöffentlichkeit«* es verlange, dass ein Thema *»nur in seinen schärfsten Tönen berichtet, nur in seinen schrillsten Varianten belichtet und nur in seinen heftigsten Erregungszuständen auf die Medienbühne gestellt«* (Meyer 2006, 13) wird.

Diese »Erregungszustände« des populären Journalismus werden nicht nur in o.g. Boulevardblättern genutzt, sondern auch von als seriös geltenden wie *Stern, Focus* oder *Spiegel.* Diese nutzten ebenfalls Mittel der *Wirklichkeitskomposition,* um einen Sachverhalt mit grafischen Mitteln über die Titelseite zu transportieren. Mit Darstellungen wie den unten gezeigten wurde 2002 zynisch ein zehn Jahre zuvor eingesetztes Motiv wieder aufgegriffen, das »volle Boot«. Ein Motiv, welches zwischenzeitlich innenpolitisch auf Wahlkampfplakaten der rechtskonservativen *Republikaner* für große Aufregung gesorgt hatte. Auf diese Weise hielt der *Spiegel* das Sujet in der Öffentlichkeit und musste nur warten, bis eine Rechtspartei damit oder mit dem Slogan selbst warb, um gleich wieder Stoff für die weitere Berichterstattung zu haben.

Abb.: Ein »Sturmgeschütz der Demokratie« (Augstein) als Brandbeschleuniger: 10 Jahre »das Boot ist voll« Metapher (Grafik: Piasecki)

Namentlich der *Spiegel* hat das *Bild* des »vollen Bootes« in zwei Ausgaben bemüht: im Jahr 1991 in der Ausgabe 37 unter dem Titel »Ansturm der Armen«, um die Asylproblematik darzustellen, und erneut am 17. Juni 2002 mit der Überschrift »Ansturm der Migranten: Europa macht dicht«.

Dazwischen in aufgelockerter Folge: Warnungen vor Ausländern und das Beklagen von Widerstandsreaktionen – beides sichert die Auflage. Irritierend gelungen: Ausgabe 15/1992: Zwei hilf- und tatenlose Grenzbeamte werden von einem Menschenstrom beiseitegeschoben; Ausgabe 49/1995: Nackte (somit wehrlose) Frau umgeben von vermummten Tätern; Ausgabe 48/1998: Grenzen Deutschlands quellen über vor fremd aussehenden Menschen.

Selbstverständlich würde der *Spiegel* auf den Textinhalt verweisen und die Kritik nicht gerne hören. Doch ist es nicht zuletzt die Titelseite, die in den öffentlichen Raum wirkt und auch Menschen erreicht, die den Text nicht lesen. Solche *diskursiven Visualisierungen* sind nach Renger keine *»bedauerlichen Kontaminationen eines sonst »reinen« Tatsachenrealismus, sondern (...) bezeichnen ein Grundrepertoire des modernen Journalismus«* Renger 2000, 163).

Schmidt wies auch auf die Verwendung der »Panik-Metapher« (Schmidt 2005, 65) durch die Medien hin, wie in Bezug auf Aidskranke. Durch ihre medial beförderte Stigmatisierung wurde, so Schmidt (Siegfried Rudolf Dunde zitierend), ein *»Mechanismus der Verachtung«* in Gang gesetzt, *»solange Menschen als Gefahrenherde diffamiert werden«* (a.a.O., 92).

Ergänzt werden könnten aus aktueller Sicht Darstellungen von Menschen, die kritisch gegen die Regierungspolitik ihr Demonstrationsrecht wahrnahmen und deren Positionen öffentlich delegitimiert wurden: Als »Schwurbler«, »Corona-Leugner«, »Neonazis« – was neuen Frust, Enttäuschung und Wut erzeugen kann. Als würde nicht bereits und alleine schon die individuelle Ausübung des Demonstrationsrechts demokratischen Respekt verdienen (wo zuvor gesellschaftlich allzu häufig fehlendes politisches Interesse und Engagement der Bevölkerung beklagt wurde).

Die Medien, die sich ansonsten gerne als Verfechter von Objektivität darstellen, sollte dieser Vorwurf nachdenklich stimmen. Auch Gerhard Besier zeichnete, auf die 1990er Jahre zurückblickend (und damit Zeitzeuge von Born), die sich verstärkenden gegenseitigen Abhängigkeiten von Politik und Medien bei der Definition und Erörterung von »Gefahren« nach. Denn seitens der Berichterstatter (er nannte sie »Skandalisierer«) werde der Eindruck erzeugt, dass erst durch ihre Arbeit der Staat eingegriffen und die Gesellschaft vor Schaden bewahrt habe.

Dieser Faktor beleuchtet die soziale Funktion von Berichterstattung für die Nachrichtenproduzenten, denn sie belegen damit ihre eigene Bedeutung und lassen sich dafür feiern bzw. entlohnen oder ergeben sich in Selbstzufriedenheit (Besier 2002, 164).

»Lesegeschichten«, Nachrichtenwerttheorie und Auswahlkriterien

Themen und Schwerpunkte resultieren aus journalistischen Selektionskriterien und Ereignismerkmalen (Kepplinger 1998). Ein großes Problem ergab sich seit den 1980ern und insbesondere in den 90ern für immer mehr Zeitschriften aus einer sinkenden Leser-Blatt-Bindung und geringeren Nutzungsintensitäten. Die sogenannten »Apathic Readers« (a.a.O., 421) lesen eine Zeitschrift nur »ab und zu oder selten« bzw. »die Hälfte aller

Seiten oder weniger«. Beim Fernsehen sind die Umschalter gefürchtet, die man möglichst lange auf den eigenen Sendekanälen halten möchte, damit sie für die Werbekunden zählbar bleiben.

Bei der Überlegung, wie Geschichten zum Kauf anreizend präsentiert werden, mischen sich Kundenerwartungen und journalistisches Ethos und Sendungsbewusstsein. Aus Eigeninteresse sind Journalisten bestrebt, ihre Geschichten zu »verkaufen« – sowohl inhaltlich und optisch als auch schlicht kommerziell. Für die Mitarbeiterinnen und Mitarbeiter des Privatfernsehens in den 1990ern, selten fest beschäftigt, galt dies in besonderem Maße und heute erst recht für Onlinepublizisten, die ihr Einkommen auf Basis von »Clicks« berechnet erhalten.

Meinungsbildend und damit in der Lage, auch die eigene wirtschaftliche Existenz aus eigener Kraft zu beeinflussen, waren und sind sogenannte »Leitmedien« (große Sender oder Tageszeitungen), die sich für Köpp (2005, 103) dadurch auszeichnen, dass sie Einfluss auf eine große Zahl von Menschen nehmen können. Den Begriff des Leitmediums führte sie auf Wilke zurück:

> *»Man versteht darunter ein Medium, dem gesellschaftlich eine Art Leitfunktion zukommt, dem Einfluss auf die Gesellschaft und auf andere Medien beigemessen wird. In Anlehnung an einen gängigen soziologischen Begriff ist auch von »Meinungsführermedien« die Rede«* (Wilke 1999, 302 ff.).

In der Tat nannte Wilke eine Reihe von Kriterien, die ein Medium zu einem Leitmedium machen, wobei für diesen Status Verbreitungsgebiet und Auflage allein noch nicht ausschlaggebend seien. Vielmehr gehörten die Struktur des Publikums dazu, sofern es die gesellschaftliche Führungsschicht repräsentierte. Vor allem: Ein Leitmedium kann Journalisten als Nutzende gewinnen, die ihrerseits dann wieder als Multiplikatoren zu wirken vermögen. Diese Multiplikatorenfunktion lässt sich anhand der Zitierhäufigkeit des Leitmediums in anderen Medien feststellen.

Nicht zuletzt ist Leitmedien meistens auch ein gewisses Ethos der Exklusivität zu eigen und der Wille zum *Agenda Setting.* Dieses ermöglicht es ihnen, durch die Betonung von Schwerpunkten deren Häufigkeit und Behandlung, Platzierung und Aufmachung zu beeinflussen und mitzubestimmen. Zum Beispiel welche Themen von Politikern und der Bevölkerung für besonders wichtig gehalten werden (vgl. Noelle-Neumann 1989, 284).

Schulz zeichnete die Wahrnehmung politischer Probleme an der Umweltfrage nach und verwies darauf, dass Umweltthemen nicht zuletzt durch die Medien immer wieder ins Bewusstsein kommen und politische Gestaltungskräfte freisetzen. Als Beispiel nannte er die medienwirksame Besetzung der Bohrinsel »Brent Spar« durch Greenpeace im Jahr 1995, wodurch die Wahrnehmung des Themas »Umwelt« in der Öffentlichkeit innerhalb nur eines Jahres von unter 10% auf über 30% schnellte. Schulz urteilt sehr deutlich:

> *»Der Einfluss der Massenmedien auf die Problemwahrnehmung geht aber oft noch viel weiter (...). Er setzt nicht erst ein bei der Interpretation der Probleme, sondern ist bereits an der Genese von Problemen beteiligt. Themen und Probleme (issues) sind für den politischen Entscheidungsprozess umformulierte demands, d.h. Ansprüche, Bedürfnisse, Forderungen. Themen reduzieren die Unbestimmtheit des politisch Möglichen und strukturieren den Prozess der Meinungs- und Willensbildung (...). Insofern werden über die Thematisierung – d.h. über die Selektion und Institutionalisierung von Themen – politische Entscheidungen präjudiziert und Macht verteilt (...)«* (Schulz 1997, 150 ff.).

Das Wissen des Einzelnen ist stets als Produkt eines Diskurses zu verstehen. Jeder Teilnehmer, jede Teilnehmerin am gesellschaftlich / politisch / medialen Diskurs unterliegt somit einem Prozess der Normierung und Normalisierung. Jener Prozess wiederum strukturiert die Wahrnehmung und öffentliche Erörterung der Diskursinhalte, sodass die gesellschaftlich / politisch / medialen »Normalisierungspraktiken« als »sozialisierend-normative« Vergesellschaftungspraktiken, soziale Disposition und subjektive »Haltung« im Individuum verankert werden können.

Dieser Normierungsprozess ist Teil öffentlich betriebener und gelebter Machtprozesse. Diese informieren die Öffentlichkeit über Regeln, Belohnungen und Bestrafungen auch jenseits von Gesetzen, Erlaubtem oder Verbotenem.

Wenn regierungskritische Proteste öffentlich nur oft genug in eine diffamierte politische Ecke geschoben werden, leidet die Bereitschaft zur

Teilnahme an einer Demonstration generell. Man ist ja nie sicher und weiß ja nie genau ... Niemand möchte sich sozial isoliert sehen.

Die Themenwahl der *Gatekeeper* von Informationen erzeugt bei den Mediennutzenden eine *kognitive Dissonanz* – einen Spannungszustand zwischen vorhandenen eigenen Überzeugungen und neuen Informationen – dies führt zu einer erhöhten Aufmerksamkeit (Höfner 2003, 9).

Born arbeitete in einem Kontext der eigenen wirtschaftlichen Unsicherheit, narzisstischem Eigeninteresse, der medialen Konkurrenz immer neuer Sender und Sendungen und einer an Oberflächlichkeiten und Emotionalisierungen orientierten Zielgruppe mit Eventinteresse. In seiner Arbeit bildeten sich daher gut erkennbar die Ergebnisse einer inneren und äußeren Meinungs- und Meldungsproduktion ab.

Eine temporäre Verdichtung von Themen wird erzeugt, wenn sie massenwirksam publiziert werden und im Sinne des *Agenda Settings* Nachfolgeberichte hervorrufen, welche die ursprüngliche Information oder verdichtete Thematik im öffentlichen Raum diffundieren.

Medien seien einerseits Teil des medialen Diskurses und andererseits gestalteten sie ihn. So könnten sie durch Informationen Handlungen Dritter provozieren wie im Fall des kleinen Joseph in Sebnitz (Köpp 2005, 106) regierungsamtliche Maßnahmen und Aussagen. Bei diesem Fall versagten nach Bewertung von Köpp sämtliche mediale Kontrollinstanzen. Falschmeldungen konnten ohne nähere Überprüfung durch ihre Weiterverbreitung Bundespolitik beeinflussen. Diese politischen Reaktionen lieferte den Medien erneut Nachrichten.

In diesem, wie auch anderen Fällen, trat bald der ursprüngliche Anlass hinter ganz neue Aspekte zurück. Es bildeten sich abgewandelte diskursive Kontexte, die in Gestalt von Dispositiven (Anordnungen) institutionalisiert, materialisiert sowie reproduziert werden und dadurch »Machtwirkungen« erzeugen (Keller 2004, 69).

Entsprechende Entwicklungen müssen auch Michael Borns berufliche Sozialisierung beeinflusst haben. Kepplinger errechnete anhand der Diskussion um die Einführung der 35-Stunden-Woche 1984 (Kepplinger 1999, 710 ff.), dass 35% der befragten Journalisten es für »durchaus zu vertreten« hielten, Informationen hochzuspielen, die die eigene Konfliktsicht bestätigten. 10% aller Befragten hielten es sogar für »vollkommen einwandfrei«, dies zu tun. Nahezu die Hälfte der befragten Journalisten nahm demnach aus persönlichen Gründen Einfluss auf das behandelte Thema oder sah darin kein Problem und manipulierte also Aggregatoren für die veröffentlichte Meinung.

Schulz vermutet die journalistische Selbstverpflichtung zur Kritik und Kontrolle von politischer Macht und den Wunsch nach Aufdeckung von Machtmissbrauch, Korruption und sozialer Ungerechtigkeit als Ursache dafür, dass sich bei den meisten Journalisten eine *»größere Nähe zu ideologisch linken als zu konservativen Positionen«* (Schulz 1997, 60 ff.) findet. So beeinflussten die persönlichen Überzeugungen die Nachrichtenproduktion und verzerrten die Darstellung der politischen Wirklichkeit (vgl. Hall 1989, 129).

Staab indes wies nach, wie die medienspezifische Zuschreibung von Nachrichtenfaktoren dazu führte, dass vier überregionale Qualitätszeitungen (*Frankfurter Rundschau, Süddeutsche Zeitung, Frankfurter Allgemeine Zeitung* und *Die Welt*) (Staab 1990, 187 ff.) ganz unterschiedlich über einzelne Nachrichtenereignisse berichteten.

Auch dies muss Born in seiner Auffassung bestärkt haben, dass Nachrichten in ihrer Aufarbeitung subjektiv einzuordnen sind und man notfalls auch »nachhelfen« könne oder sogar müsse.

Wonach wählen Nachrichtenredaktionen ihre Inhalte aus?

Was ist mit dem Vorwurf an Redaktionen, Fälschungen nicht unterbunden zu haben, zu unachtsam gewesen zu sein? Oder diese, mit dem Blick auf Einschaltquoten, vielleicht sogar stillschweigend geduldet (wenn nicht sogar insgeheim erbeten) zu haben?

Um diese Frage fair zu beantworten, muss die spezifische Arbeit deutscher Nachrichtenredaktionen betrachtet werden. Denn angesichts globaler Medienströme und nachrichtlicher Gleichzeitigkeit sind zwar Begriffe wie »Newsmaking« bekannt und man weiß um tendenziöse Berichterstattung in vielen Ländern.

Dieses Scheinwissen könnte jedoch den Blick auf die Bedingungen des Falles Born trüben und verschleiern.

Eine regelrechte Kontrolle seitens der Redaktionen, die darauf abzielte, Beiträge zu verändern, um das Publikumsinteresse zu erhöhen, gab es im Vergleich zu anderen Ländern wie England oder die USA in Deutschland in den 1990er Jahren kaum.

Während in Deutschland 7% der Beiträge vor diesem Hintergrund redaktionell überarbeitet wurden, waren es in England 28% und in den USA 36% aller Artikel. Häufiger (9%) wurden Artikel in Deutschland überarbeitet, um die Faktengenauigkeit zu verbessern (England: 13%, USA: 23%) (Donsbach 1993, 153).

Born mag hier Ansporn und Kontrolllücke gleichsam erkannt haben. Er konnte die Faktoren einer Nachricht weitgehend selbst wählen und aufbereiten. Was aber sind solche »Nachrichtenfaktoren«?

Die Geschichte der Nachrichtenwerttheorie geht auf Walter Lippmann zurück und kennt seit 1922 eine europäische und eine amerikanische Tradition (vgl. Lippmann 1990 / 1922, 27 ff.).

Vertreten wurde sie in Deutschland zur Wirkungszeit von Michael Born neben Joachim Friedrich Staab sowie Hans Mathias Kepplinger (Kepplinger & Rouwen 2000, 462 ff.) vor allem von Winfried Schulz. Der wollte nicht nur die Analyse von publizierten Meldungen (Output-Analyse) berücksichtigt wissen, sondern auch den Input, also die in den Redaktionen vorhandenen Meldungen (Schulz 1976, 25 ff.).

Schulz teilte bereits 18 Nachrichtenfaktoren in sechs Dimensionen (Schulz 1976, 31 ff.) ein:

1. *Zeit*
    a. *Dauer (des Ereignisses)*
    b. *Kontinuität*
2. *Nähe*
    a. *Räumliche Nähe (Entfernung zwischen Ereignisort und Redaktion)*
    b. *Politische Nähe (bündnis- und wirtschaftspolitische Nähe zum Ereignisland)*
    c. *Kulturelle Nähe (sprachliche, religiöse, literarische, wissenschaftliche Beziehungen zum Ereignisland)*
    d. *Relevanz (Betroffenheit und existentielle Bedeutung des Ereignisses)*
3. *Status*
    a. *Regionale Zentralität (politisch-ökonomische Bedeutung bei innerdeutschen Ereignissen)*
    b. *Nationale Zentralität (wirtschaftliche, wissenschaftliche und militärische Macht des Ereignislandes bei internationalen Nachrichten)*
    c. *Persönlicher Einfluss (politische Macht der beteiligten Personen)*
    d. *Prominenz (Bekanntheit der Personen bei unpolitischen Meldungen)*
4. *Dynamik*
    a. *Überraschung (Dynamik des Geschehens)*
    b. *Struktur (strukturelle Charakteristiken der Ereignisse oder des Nachrichtenbildes)*
5. *Valenz*
    a. *Konflikt (politische Ereignisse mit aggressivem Charakter)*
    b. *Kriminalität (rechtswidriges Verhalten)*
    c. *Schaden (Misserfolge und Personen-, Sach- oder finanzielle Schäden)*
    d. *Erfolg (Fortschritt auf z.B. politischem, wirtschaftlichem, kulturellen oder wissenschaftlichem Gebiet)*
6. *Identifikation*
    a. *Personalisierung*
    b. *Ethnozentrismus (Bezug des Ereignisses auf die Eigengruppe, also die Bewohner der Bundesrepublik)*

Abb.: Faktoren der Nachrichtenauswahl nach Schulz

Sowohl Anbieter von Nachrichten als auch ihre Rezipienten orientieren sich nach Meinung der Vertreter der Nachrichtenwerttheorie bei der Nachrichtenauswahl an diesen Faktoren. Je mehr dieser Faktoren von einer Nachricht erfüllt werden, umso größer sei das Interesse.

> *»Ereignisse werden erst dadurch zu Nachrichten, daß sie aus der Totalität und Komplexität des Geschehens ausgewählt werden. Nur durch die Unterbrechung und Reduktion der raum-zeitlichen Kontinuität und der Ganzheit des Weltgeschehens lässt sich Realität umsetzen in Nachrichten«* (Schulz 1976, 9 f.).

Schulz erkannte in diesen Nachrichtenfaktoren journalistische Konstruktionen von Realität – mithin, so auch Höfner, *»schreiben Anbieter Ereignissen*

Nachrichtenfaktoren teilweise erst implizit oder explizit zu, um bei den Rezipienten etwas zu erreichen« (Höfner 2003, 102).

Wenn dies stimmt und wenn somit Journalisten Nachrichten »aufladen«, um Zielgruppenreaktionen zu erreichen, dann müssten in Medienbeiträgen, abgesehen von den reinen Nachrichtenelementen, Faktoren enthalten sein, die persönliche Betroffenheit erschaffen oder Ängste hervorrufen, Elemente also, die nach Schulz der Dimension »Nähe« zuzuordnen sind. Ruhrmann verweist darauf, dass Nachrichten vom Rezipienten erinnert werden, *»sofern sie in das aktivierte Schema passen«* (Ruhrmann 1989, 50) und dass sie anhand von subjektiv vorgenommenen Bewertungen wiedererkannt werden. Sie werden »geframed« – passend gemacht, an die Empfangsrezeptoren und Sinne von Nutzern angepasst.

Tatsachenberichte, angereichert mit personalisierten Elementen, werden besser erinnert – und jede Erinnerung an einen Bericht stellt gleichzeitig Werbung für das Medium (und den Autoren) dar. Man kennt das: Jedes Partygespräch mit einem Aufschneider wird besser erinnert als mit dem langweilenden Abteilungsleiter einer Verwaltung. Vor diesem Hintergrund handeln Nachrichtenfälscher beruflich unethisch, aber aus ihrer Sicht nachvollziehbar und erfolgreich. Höfner hat für Fernsehnachrichten festgestellt:

> *»Die Infotainmentforschung geht dabei davon aus, dass (Fernseh-) Nachrichten, die z.B. durch dynamische Schnitte, bewegte Bilder oder Musikunterlegung »aufgepeppt« werden, von den Rezipienten eine stärkere Zuwendung erfahren und bis zu einem bestimmten Punkt für informativer, glaubwürdiger und angenehmer gehalten und besser erinnert werden als Nachrichten, die »ungarniert« sind«* (Höfner 2003, 103).

Gerade so hat Born gearbeitet! Van Dijk zufolge bilden Medienerzeugnisse als *»part of complex communication processes«* (van Dijk 1988, 95) mittels der durch sie erschaffenen oder zumindest begünstigten öffentlichen Meinung das allgemeine Wissen über die Konstruktion der gesellschaftlichen Welt und ihrer Ordnung ab, wodurch sie die soziale Welt konstruieren (a.a.O., 7 f.). Die verbreiteten Neuigkeiten werden zu einer spezifischen Norm sozialer und institutioneller Praxis. Sie schaffen eine soziale Gemeinschaft. Diese ist über die wesentlichen Fragen gleichmäßig unterrichtet, wenngleich auch nicht gleicher Meinung. Vielsprachige Multiethnizit, die sich nicht über gemeinsam berichtete, empfangene, verhandelte etc. Themen orientiert, löst eine soziale Gemeinschaft tendenziell auf. Die diskutierten Ereignisse wiederum vermitteln Bedeutungen, die mit dem ursprünglichen Diskurs nichts zu tun haben müssen. Van Dijk bemühte hier Tuchmans Bild eines »Gewebes von Faktizität« (*web of facticity*), mittels dessen Glaubwürdigkeit kreiert werden solle (a.a.O., 8). Er warf Medien vor, dass sie, da die Realität ein ideologisches Konstrukt sei, ihrerseits an der Konstruktion von Realität und somit der Verbreitung von vorformulierten Ideologien beteiligt seien. Sie reproduzierten dominante Ideologien, Normen und Werte, die dadurch in der Gesellschaft wirkmächtig blieben. Probleme (aber auch Lösungsmöglichkeiten) würden medial, wenn schon nicht erschaffen, so doch transportiert und ideologisch ent- oder verworfen – *sagbar* gemacht.

Wichtig sei nicht bloß, Journalisten als soziale Akteure zu begreifen, sondern zu betrachten *»how newsmakers actually understand what is going on, and how these understandings finally shape the news texts they produce«* (a.a.O., 176).

Insbesondere den verwendeten Begrifflichkeiten müsse größte Beachtung zuteil werden, da hier versteckte Meinungen oder Ideologien ihren Ausdruck fänden:

> *»The traditional example of using »terrorists« instead of »guerillas« or »freedom fighters« is only one example. The same is true for the use of »riots« instead of »disturbances« or instead of »resistance« or the use of »hooligans« instead of, for example »demonstrators«. A large part of the hidden point of view, tacit opinions, or the usually denied ideologies of the press may be inferred from these lexical descriptions and identifications of social groups and their members«* (a.a.O., 177).

Nach Karpenstein-Eßbach wäre jedoch nicht allein die Sprache notwendiges Objekt der Analyse, *»sondern die Menge des Gesagten, sein durch Strategien der Verknappung in Grenze gehaltenes und zugleich geregeltes Wachsen, das erst im Aussagen des Gesagten, in jenen Beziehungen erkennbar wird, die den machtvollen Raum des »Zwischen«, der Relation und Anschlussstellen eröffnen«* (Karpenstein-Eßbach 1995, 133).

Der Verdacht entsteht, dass leicht *mediale Phantome* (Niesyto 2002, 32) erzeugt werden, denen Politik, Medien und Gesellschaft nachjagen und die den unverfälschten Blick auf die wahren Probleme verstellen bzw. zu einer *»Schablonisierung der Erfahrung«* (ebd.) führen. Dies entweder, weil der Fokus der Betrachtung sich auf bestimmte Zielgruppen richtet, die vielleicht auffällig sind, aber wodurch tatsächlich problematische Gruppen zu wenig Beachtung finden. Oder weil die gemachten Beobachtungen leicht auf vorhandene Denkschablonen appliziert werden können und sich so die Notwendigkeit einer differenzierten Betrachtung nicht stellt.

Ein anderes Resultat einer solchen fehlgeleiteten Berichterstattung wäre die Verharmlosung von problematischen Gruppen oder Phänomenen. Während nämlich im Umgang mit Neonazis (oder als solchen Verdächtigten), welche insbesondere in Michael Borns Tätigkeit einen wichtigen Themenschwerpunkt bildeten, die gesellschaftlichen Markierungsmuster eindeutig sind, fanden und finden andere Gruppierungen in Medien grundsätzlich deutlich weniger Beachtung, worüber sich der ehemalige Verfassungsschutzpräsident Frisch Ende der 1990er Jahre (und damit vor dem 11. September) öffentlich wunderte:

> *»Als der damalige Präsident des Verfassungsschutzes (...) im Herbst 1996 (...) den islamischen Fundamentalismus als ‚Sicherheitsproblem Nr. 1 für Deutschland' und ‚größte Gefahr für das 21. Jahrhundert' benannte – da fragte kein einziger Journalist auch nur nach. Und berichtet wurde darüber schon gar nicht. Die deutschen Journalisten wollten einfach viel lieber über »Neonazis« reden - dass hier eine ganz neue Art von Nazis im Namen Allahs die Welt verbessern und erobern wollen, übersahen sie geflissentlich«* (Schwarzer 2003, 17 f.).

Auch hierin lassen sich vermutlich Beweggründe für Borns Vorgehen identifizieren.

Bildgestaltung folgt ebenfalls dem Rezept, emotionalisierte »Lesegeschichten« zu erzeugen: Bildkompositionen weisen häufig Ähnlichkeiten zu Kinoplakaten oder Werbeanzeigen auf, indem verwendete Schriften eine bildlich dargestellte Dynamik (z.B. eine Explosion) stützen.

Abb.: Ging es Anfang der 1980er Jahre noch viel stärker um Fakten (mehr Text als Bilder, ein höherer sog. »Grauwert«), dominiert heute Emotionalisierung die Berichterstattung (Dynamik, Emotion, Suggestion, Intuition: Interview Ronald Reagan Spiegel 44/1980, Vitali Klitschko Spiegel 51/2013; Collage: Piasecki)

Emotionen lassen sich subjektiv nachempfinden, sie sind leicht vermittelbar, aber sie ersetzen keine Fakten. Löffler bezeichnete solche Geschichten in den 1990ern als *»beinhart recherchierte Faserschmeichler- und Weichspülknüller«* (Löffler 1997, 24), um deutlich zu machen, dass der moderne *»Unterhaltungs-Journalismus«* nur noch Imitationen von *»harter Fakten-Recherche«* liefere (a.a.O., 23).

Wilke hingegen hält einen unterhaltenden Faktor alleine nicht für bedenklich:

> *»Nachrichtenwerte haben somit ihre journalistische Funktion darin, die Aufmerksamkeit des Publikums zu gewinnen, und sie haben zunächst wenig zu tun mit einem wie immer gearteten pädagogischen Auftrag des Journalismus. Es wäre daher auch ein Missverständnis, dem Begriff »Nachrichtenwert« einen qualitativen oder gar normativen Sinn beilegen zu wollen, so als wären damit irgendwelche »höheren« – etwa moralischen – Werte impliziert. Vielmehr muss man die Funktion von Nachrichtenwerten instrumentell verstehen«* (Wilke 1984, 234).

Legt man die Richtlinien des Pressekodex, der Selbstverpflichtung deutscher Journalisten, zur Prüfung der Inhalte und vor allem auch der grafischen Aufmachung an, werden permanent mannigfache Verfehlungen von Journalisten und Medien gegen diese selbst auferlegten Grundsätze sichtbar. Nicht nur damals bei Born oder später bei Glass und Relotius. Die Gesamtpräsentation von Licht, Ton, Musik- oder atmosphärischer Untermalung (sog. »Unterleger«) etc. kann im Fernsehen eine Meldung derart verfremden, dass der Wahrheitskern nicht mehr unbeeinflusst erkannt wird. Weiterhin spielen Platzierung der Nachricht, Anmoderation, Farb- und Bildgestaltung des Umfeldes etc. eine Rolle.

Nachrichtenmagazine wie auch Tageszeitungen formieren den »*Spiegel einer öffentlichen Erwartungshaltung und eines allgemeinen Informationsstandes*« (Rey 1995, 53). Der Anspruch der jeweiligen Autoren und Herausgeber und ihr journalistisches (und wirtschaftliches) Interesse sind entscheidend für die Veröffentlichung eines Themas (Staab 1990, 193). Sie verbinden sich mit der vermuteten Erwartungshaltung der Rezipienten, wodurch sie sich der erfolgs- und auflagendeterminierten Erfüllungshoffnung und der Gewinnerwartungen der Verleger unterwerfen (siehe auch: Kepplinger 1999, 698). Der öffentliche Diskurs wird demnach sowohl bestimmt von einer Informationserwartung (der Mediennutzer) als auch der Selbstverwirklichung (der Autoren) und dem Gewinninteresse (der Verlage).

Das nach Mead als *Kommunikationsgemeinschaft* (Mead 2005, 299 ff.) adressierbare Publikum erhält aber durch eine das Massenbewusstsein beeinflussende, verstärkende und steuernde Berichterstattung, welche die Problemlagen verharmlost oder überzeichnet, einen verzerrten Zugang zu den Quellen und dem Verlauf von gesellschaftlichen Prozessen. Print-, Funk- und Onlinemedien, die häufig eine sozial kompensierende Funktion ausüben, dominieren die gesellschaftliche Problemwahrnehmung vieler Menschen zur gleichen Zeit (Petkovic 2003, 162 ff.). Diese sehen sich den gleichen (medial vermittelten) Wert- und Denkschablonen ausgesetzt – mithin einem öffentlichen »Meinungsklima« (Neidhardt 2004, 337).

Schlussfolgerungen

Massenmedien vereinen Macht und Verantwortung. Beidem werden sie nicht immer gerecht. Die nicht zuletzt im Pressekodex für Medienmacher als »Gatekeeper« zusammengefassten Grundsätze von Verantwortungsbewusstsein, Wahrung der journalistischen Unabhängigkeit, Achtung vor der Wahrheit, Pflicht zur authentischen Wiedergabe von Informationen oder die Absage an Gewaltverherrlichung und die Vermeidung der Verletzung sittlichen oder religiösen Empfindens und der Diskriminierung von Gruppen stehen in der Realität bei der Definition *»kollektiver Relevanzindikatoren«* (Höfner 2003, 102) (die über die Wahrscheinlichkeit informieren, nach der ein Ereignis vom Rezipienten ausgewählt, wahrgenommen und erinnert wird) häufig gegenüber wirtschaftlichen Erwägung zurück.

Die absichtsvolle *Komposition von Wirklichkeit* stellt daher eine nicht zu unterschätzende Gefahr für das gesellschaftliche Zusammenleben dar. Durch die Breitenwirkung der Massenmedien und dadurch, dass sie gemeinhin sowohl als Sprachrohr wie auch Kontrollinstanz für Politik benutzt werden, ergibt sich ein Verhältnis von gegenseitiger Abhängigkeit und Beeinflussung. Schulz stellte fest, was sich für Michael Born als stilbildende Arbeitsmaxime erkennen lässt:

> *»Ein Journalist ist ein Wichtig*macher. *Das ist sein Beruf. Aber trotz unbestrittener Meriten unserer bundesdeutschen Publizistik scheint sie mir zurzeit eher ein Nährboden für Wichtig*tuer *zu sein. Ein Trend der Bevorzugung, der Begünstigung der geläufigen, der attraktiven oder sensationellen, eben der verkäuflichen Information ist festzustellen. Information, von Haus aus im Dienst* des Wahren, *ist in die Nähe* der Ware *gerückt. Die Publizistik als* Medium des Interessanten *ist im Begriff, zu einem* Instrument der Interessenten [Hervorhebungen im Original kursiv – d. Verf.] *zu entarten«* (Schulz 1989, 21).

Medien und ihre Macher sind, wie gezeigt wurde, vielfach beeinflusst von dem Bestreben, auf eigene Faust die Welt zu verändern. Dadurch, ebenso wie durch ihre Kontrollfunktion politischer Arbeit oder das *Agenda Setting*, übernehmen sie öffentlichkeitswirksam wichtige politische Funktionen und wirken mit bei der Definition von Normen und gesellschaftlich Erwünschtem (vgl. Noelle-Neumann 1989, 382).

Im Falle von freien Mitarbeitern kommen noch wirtschaftliche und existenzielle Bedingungen hinzu, die den Griff zur Wahrheit freihändig und leichtgängig erscheinen lassen. Der Journalismus sieht sich gleichzeitig politischen oder kommerziellen Einflüssen ausgesetzt und steht in permanentem Konflikt mit seinen eigenen politischen und weltanschaulichen Ansichten.

Medien stellen Öffentlichkeit her und moderieren diese Öffentlichkeitsvermittlung zwischen den Konstanten Politik, Gesellschaft und abermals anderen Medien. Sie sind keine reinen Übermittler von Nachrichten, sondern stellen ein allgemeines Hintergrundwissen bereit und schreiben es fort (Luhmann 1996, 121 f.). Schulz nannte sie »Weltbildapparate« (Schulz 1997, 236), die den Informationsgehalt von Politik konstruierten und welche überhaupt erst definierten, was ein politisches Ereignis und somit ein gesellschaftlich wahrzunehmendes Thema sei.

Für die Gegenwart muss man passender von »Weltbildnetzwerken« sprechen – nicht allein wegen des Internets, sondern aufgrund der Interdependenzen (Zwischenwirkungen und Abhängigkeiten und Beeinflussungen) journalistischer Arbeitsweisen und Akteure. Zu diesen gehören mittlerweile auch Nutzende als *Wiederproduzenten* (sogenannte *»Prosumer«* – Kunstbegriff aus »Producer« und »Consumer«), wenn sie Nachrichten oder Teile davon in sozialen Netzwerken teilen und Bestandteile neu arrangieren.

Kann oder muss vor diesem Hintergrund das Vorgehen Michael Borns anders beurteilt werden?

Teils teils. Die Fokussierung auf Theorien und publizierte Analysen zur Hochzeit von Borns TV-Wirken verdeutlicht, dass er sich durchaus im Rahmen des damals Beobachteten bewegte. Ja, er ging mit krimineller Energie vor. Und wenn man ihm schon nicht den Willen zur Destruktion unterstellen möchte, so doch wenigstens Desinteresse an den Folgen seiner Lügen für andere. Die dargelegten medienwissenschaftlichen Hintergründe lassen allerdings ebenso vermuten, dass Menschen mit einem Arbeitsethos wie Michael Born nicht gerade selten waren. Das führt zu der Frage: Wieviele Borns blieben unentdeckt? Und wo und für wen berichten sie heute?

Literatur

Abich, Hans (1989): Fortsetzer und Vorläufer. In: ARD (Hrsg.): ARD Jahrbuch 1989. Nomos: Baden-Baden

Altheide, David; Snow, Robert P. (1979): Media Logic. Beverly Hills: Sage

Baron, Jonathan (2000): Thinking and Deciding. 3. Auflage. Cambridge: Cambridge University Press

Besier, Gerhard; **Besier** Renate-Maria (2002): Die Rufmordkampagne - Kirchen & Co. vor Gericht. Bergisch-Gladbach: Ed. La Colombe

Böll, Heinrich (1972): Will Ulrike Gnade oder freies Geleit? In: Der SPIEGEL Ausg. 3-1972, 54-57

Deutscher Presserat (2006) (Hrsg.): Publizistische Grundsätze (Pressekodex) - Richtlinien für die publizistische Arbeit nach den Empfehlungen des Deutschen Presserates. Online: https://e-health-com.de/fileadmin/user_upload/dateien/Pressekodex/Pressekodex__2007_.pdf, 10.1.2022

Deutscher Presserat (2022) (Hrsg.): Ethische Standards für den Journalismus. Online: https://www.presserat.de/pressekodex.html, 20.8.2022

Dijk, Teut van (1988): News as discourse. Hillsdale: Erlbaum

DFJV (Hrsg.) (Mai 2010): Studie Parteineigung von Politikjournalistinnen und -journalisten. Online:
https://www.dfjv.de/documents/10180/178294/DFJV_Studie_Politikjournalistinnen_und_Journalisten.pdf, 12.2.2020

Dörger, Hans Joachim (1973): Religion als Thema in *Spiegel*, *Zeit* und *Stern*. Hamburg: Furche Verlag

Donsbach, Wolfgang (1993): Redaktionelle Kontrolle im Journalismus: Ein internationaler Vergleich. In: Mahle, Walter A. (Hrsg.): Journalisten in Deutschland – Nationale und internationale Vergleiche und Perspektiven. München: Ölschläger

Donsbach, Wolfgang (1999): Journalismus und journalistisches Berufsverständnis. In: Wilke, Jürgen (Hrsg.): Mediengeschichte der Bundesrepublik Deutschland. Köln: Bohlau Verlag, 489-517

Gruber, Thomas; Koller, Barbara; Rühl, Manfred: Berufsziel: Journalist. In: *Publizistik* 19/20 1974/75

Hall, Stuart (1989): Ausgewählte Schriften. Herausgegeben von Nora Räthzel. Hamburg: Argument Verlag

Hanfeld, Michael (6.11.2020): 92 Prozent für Rot-Rot-Grün. Online: https://www.faz.net/aktuell/feuilleton/medien/ard-volontaere-wie-divers-ist-die-ausbildungs-generation-17038169.html#void, 23.1.2021

Hesselberger, Dieter (2003): Das Grundgesetz – Kommentar für die politische Bildung. 12. Überarb. Aufl. Bonn: BpB

Höfner, Charlotte (2003): Sind Nachrichtenfaktoren Unterhaltungsfaktoren? Dissertation. München: o.V.

Jäger, Siegfried; **Link**, Jürgen (1993): Kritische Diskursanalyse. Duisburg: DISS

Keller, Reiner (2004): Diskursforschung. Opladen: Westdeutscher Verlag

Karidi, Maria (2017): Medienlogik im Wandel. Die deutsche Berichterstattung 1984 und 2014 im Vergleich. Wiesbaden: Springer

Karidi, Maria (29.9.2018): Öffentlich-rechtlicher Rundfunk in der Schusslinie. Online: https://www.bpb.de/shop/zeitschriften/apuz/276555/oeffentlich-rechtli- cher-rundfunk-in-der-schusslinie/, 21.8.2022

Karpenstein-Eßbach, Christa (1995): Zum Unterschied von Diskursanalysen und Dekonstruktionen. In: Weigel, Sigrid (Hrsg.): Flaschenpost und Postkarte. Köln: Böhlau

Kepplinger, Hans Mathias (1993): Kritik am Beruf – Zur Rolle der Kollegenkritik im Journalismus. In: Mahle, Walter A. (Hrsg.): Journalisten in Deutschland – Nationale und internationale Vergleiche und Perspektiven. München: Ölschläger

Kepplinger, Hans Mathias (1998): Der Nachrichtenwert der Nachrichtenfaktoren. In: Holtz-Bacha, Christina (Hrsg.): Wie die Medien die Welt erschaffen und wie die Menschen darin leben. Opladen: Westdeutscher Verlag

Kepplinger, Hans Mathias (1999): Publizistische Konflikte. In: Wilke, Jürgen (Hrsg.): Mediengeschichte der Bundesrepublik Deutschland. Köln: Bohlau Verlag, 698-719

Kepplinger, Hans Mathias; Rouwen, Bastian (2000): Der prognostische Gehalt der Nachrichtenwerttheorie. In: *Publizistik* 45/4. Wiesbaden

Köpp, Dirke (2005): »Keine Hungersnot in Afrika« hat keinen besonderen Nachrichtenwert. Frankfurt: Peter Lang

LaRoche, Walter von (1991 / 1975): Einführung in den praktischen Journalismus. 12. Aufl. 1991. München: List

Lay, Rupert (1992): Die Macht der Wörter. Sprachsystematik für Manager. München: Langen-Müller

Lippmann, Walter (1990 / 1922): Die öffentliche Meinung. Reprint. Bochum: Brockmeyer

Löffler, Sigrid (1997): Gedruckte Videoclips. Vom Einfluss des Fernsehens auf die Zeitungskultur. Wien: Picus Verlag

Luhmann, Niklas (1996): Die Realität der Massenmedien. Opladen: VS

Mead, George Herbert (2005): Geist, Identität und Gesellschaft. Frankfurt: Suhrkamp

Meier, Klaus (1998): Neue journalistische Formen. In: ders. (Hrsg.): Internet-Journalismus – Ein Leitfaden für ein neues Medium. Konstanz: UVK

Meyer, Thomas (2006): Der Karikaturenstreit: Generalprobe für eine Kulturkampf-Industrie. In: *Die Neue Gesellschaft / Frankfurter Hefte* 53/2006, Frankfurt, 12-15

Neidhardt, Friedhelm (2004): Rechtsextremismus und »Ausländerfrage – Zum Status des Problems in Pressekommentaren. In: Eilders, Christiane; Neidhardt, Friedhelm; Pfetsch, Barbara (Hrsg.): Die Stimme der Medien – Pressekommentare und politische Öffentlichkeit in der Bundesrepublik. Wiesbaden: VS, 2004, 336-357

Niesyto, Horst (2002): Medien und Wirklichkeitserfahrung - Symbolische Formen und soziale Welt. In: Mikos, L.; Neumann, N. (Hrsg.): Wechselbeziehungen Medien, Wirklichkeit, Erfahrung. Berlin: Vistas 2002, 29-54

Noelle-Neumann, E.; **Schulz**, W.; **Wilke**, J. (1989) (Hrsg.): Fischer Lexikon. Publizistik, Massenkommunikation. Frankfurt: Fischer Verlag

Petkovic, Srdan (2003): Der nationale Diskurs unter Einfluss von Kriegspropaganda, Kirche und Folklorismus. Zur Entwicklung serbischer Selbstwahrnehmung. Dissertation. Duisburg: Universität Duisburg

Piasecki, Stefan (2008): Das SCHAUFENSTER DES SCHRECKENS in den TAGEN DES ZORNS – Rezeption des Karikaturenstreits in deutschen Wochenmagazinen. Marburg: Tectum

PWC (Hrsg.) (2018): Studie »Vertrauen in Medien. Online: https://www.pwc.de/de/technologie-medien-und-telekommunikation/studie-vertrauen-in-medien.html, 12.8.2022

Renger, Rudi (2000): Populärer Journalismus. Nachrichten zwischen Fakten und Fiktion. Innsbruck: Studien-Verlag

Reuter, Ingo (2008): Religionspädagogik und populäre Bilderwelten. Grundlagen – Analysen – Konkretionen. Jena: Edition Treskeia

Rey, Lucienne; Eisner, Manuel (1995): Umwelt im Spiegel der öffentlichen Meinung. Grenzlinien inner-schweizerischer Uneinigkeit. Zürich: Seismo

Rühl, Manfred (1971): Berufliche Sozialisation von Kommunikatoren. In: Ronneberger, Franz (Hsrg.): Sozialisation durch Massenkommunikation. Stuttgart: Enke, 126-150

Ruhrmann, Georg (1989): Rezipient und Nachricht – Struktur und Prozess der Nachrichtenrekonstruktion. Opladen: Westdeutscher Verlag

Sarcinelli, Ulrich (2011): Politische Kommunikation in Deutschland. Medien und Politikvermittlung im demokratischen System. 3. Auflage. Wiesbaden: VS

Schetsche, Michael (1996): Die Karriere sozialer Probleme. Soziologische Einführung. München: Oldenbourg

Schieder, Rolf (2001): Wieviel Religion verträgt Deutschland?. Frankfurt: Suhrkamp

Schmidt, Hans-Jürgen (2005): Mediale Deutungsmuster von AIDS. Über die Konsequenzen medialer Darstellung für Prävention und praktische Aids-Arbeit. Dissertation. Duisburg: Universität Duisburg

Schneider, Beate; **Schönbach**, Klaus; **Stürzebecher**, Dieter (1993): Westdeutsche Journalisten im Vergleich: jung, professionell und mit Spaß bei der Arbeit. In: *Publizistik*, 38 1993, 5-30

Schütz, Walter J. (2005): Zeitungen in Deutschland. Verlage und ihr publizistisches Angebot 1949-2004. Werk in zwei Bänden. Band 1: 1949-1976. Band 2: 1989-2004. Berlin: Vistas

Schulz, Winfried (1976): Die Konstruktion von Realität in den Massenmedien. Freiburg: Alber

Schulz, Winfried (1997): Politische Kommunikation - Theoretische Ansätze und Ergebnisse empirischer Forschung zur Rolle der Massenmedien in der Politik. Opladen: Westdeutscher Verlag

Schwarzer, Alice (2003) (Hrsg.): Die Gotteskrieger und die falsche Toleranz. Köln: Kiepenheuer & Witsch

Sösemann, Bernd (1999): Die 68er Bewegung und die Massenmedien. In: **Wilke**, Jürgen (Hrsg.): Mediengeschichte der Bundesrepublik Deutschland. Köln: Bohlau Verlag, 672-697

Staab, Joachim Friedrich (1990): Nachrichtenwerttheorie – Formale Struktur und empirischer Gehalt. Dissertation. München / Freiburg: Alber

Steinmetz, Rüdiger (1999): »Initiativen und Durchsetzung privat-kommerziellen Rundfunks«, In: Wilke, Jürgen (Hrsg.): Mediengeschichte der Bundesrepublik Deutschland. Köln: Bohlau Verlag, 167-194

Stelzer, Manfred (2006): Der Karikaturenstreit: Versuch einer grundrechtlichen Entgrenzung. In: *Journal für Rechtspolitik* 14/2006, Wien, 98-103

Teichert, Will (1996): Journalistische Verantwortung: Medienethik als Qualitätsproblem. In: Nida-Rümelin, Julian (Hrsg.): Angewandte Ethik - Die Bereichsethiken und ihre theoretische Fundierung. Stuttgart: Kröner

Thofern, Detlef (1998): Darstellung des Islams in DER SPIEGEL. Dissertation. Hamburg: Dr. Kovac

Thurnher, Armin (1997): Ökonomie ist alles! Ist alles Ökonomie? In: Löffler, Sigrid (Hrsg.): Gedruckte Videoclips. Vom Einfluss des Fernsehens auf die Zeitungskultur. Wien: Picus

Wallraff, Günter (1977): Der Aufmacher. Köln: Kiepenheuer & Witsch

Walter, Konrad (1999): Mut zum Experiment. In: Zweites Deutsches Fernsehen (Hrsg.): 15 Jahre 3sat, Mainz: Höhn Print + Medien

Waugh, Evelyn (1938): Scoop. A Novel about Journalists. Harmondsworth: Penguin Books

Weischenberg, Siegfried; **Löffelholz**, Martin; **Scholl**, Armin (1993): Journalismus in Deutschland. In: *Media Perspektiven* 1/1993, 21–33

Weischenberg, Siegfried; **Malik**, Maja; **Scholl**, Armin (2006): Die Souffleure der Mediengesellschaft. Report über die Journalisten in Deutschland. Konstanz: UVK

Wilke, Jürgen (1984): Nachrichtenauswahl und Medienrealität in vier Jahrhunderten. Berlin / New York: deGruyter

Wilke, Jürgen (1999): Leitmedien und Zielgruppenorgane. In: Ders. (Hrsg.): Mediengeschichte der Bundesrepublik Deutschland. Köln: Bohlau Verlag, 302-329

Die Autoren

Thomas Pritzl bewertet im Rückblick seine Zeit bei Stern TV als »Jugendsünde«. Er hatte als PR-Verantwortlicher den bis dahin größten Fälschungsskandal im deutschen Fernsehen hautnah miterlebt. Ohne diese Erfahrung hätte »ich nicht annähernd eine Idee von der Manipulation der Realität hinter den TV-Kulissen mit auf den Berufsweg genommen«, resümiert er. Nach dem Skandal wurde er Autor beim kürzlich von RTL übernommenen Verlag Gruner + Jahr sowie der »Wirtschaftswoche« und dem »Handelsblatt«.

Er war in führenden deutschen PR-Agenturen für Mandate aus dem Energie- und Finanzsektor tätig, bevor er PR-Chef einer Investmentgruppe wurde. Seit dem Finanzcrash 2007/2008 ist er international Berater für »gute Regierungsführung« in Afrika, Asien und der Karibik.

Stefan Piasecki ist Professor für Soziologie und Politikwissenschaften an einer Hochschule des Landes NRW sowie Lehrbeauftragter an verschiedenen Universitäten und internationaler Vortragsredner. Bei der FSK in Wiesbaden ist er als Jugendmedienschützer mitverantwortlich für die Altersfreigaben von Spielfilmen.

Er beschäftigt sich bevorzugt mit den Wechselwirkungen von Medien, Religion und Gesellschaft und verfasst in seiner Freizeit Romane, die auf präzisen Recherchen beruhen. Seine Schwerpunkte sind Medien, Gesellschaft und Technologien.

Mehr: stefanpiasecki.de oder stefanboucher.de

Stefan Piasecki / Ed Smith:

IMAGINE THAT!
Die Geschichte des afroamerikanischen Gaming-Pioniers Ed Smith

Mit dem Siegeszug der Videospiele in den späteren 1970er Jahren wurden Namen geboren, die noch heute jeder kennt: Atari und Nolan Bushnell, Apple und Steve Jobs, Pac-Man und Tōru Iwatani. Andere blieben stumm, unentdeckt, vergessen, verschwiegen. Bis heute.

Dies ist die inspirierende Geschichte von Ed Smith, einem Afroamerikaner, aufgewachsen in den Slums von Brownsville in Brooklyn, der als einer der ersten am Design von Videospielen und Personalcomputern arbeitete.

»Imagine That!« berichtet von seinem steinigen Weg aus einer Nachbarschaft, geprägt von Gewalt, Drogen und Armut, der ihn bis nach Downtown Manhattan führte, wo er als Mitglied des Entwicklungsteams von APF Electronics am Entwurf des ›MP1000‹ Videospielsystems und des ›The Imagination Machine‹-Personalcomputers wirkte. In seinen eigenen Worten schildert er das Leben in einer Gesellschaft, zerrissen von Rassismus und Perspektivlosigkeit, in der die guten Arbeitsplätze nur mit der richtigen Hautfarbe zu haben waren und man auch von der Polizei keine Fairness erwarten durfte.

Autobiografie. Herausgegeben und mit einer soziologischen Einführung in die zeitgenössische US-amerikanische Stadtgesellschaft jenseits der Hollywood-Propaganda versehen von Prof. Dr. Stefan Piasecki. Mit 53 Abbildungen, Zeitleiste und Literaturverzeichnis.

Leserreaktionen:

»Ein wertvolles Buch zum Thema Videogames zur richtigen Zeit. Mit packender Authentizität wird der Kampf afroamerikanischer Einwohner der USA um Anerkennung und wirkliche Gleichberechtigung in den 60iger und 70iger Jahren deutlich, der die Games Branche nicht unberührt ließ. Es bietet einen tiefen Einblick in eine turbulente Phase der Technologie- und Wirtschaftsgeschichte und vermittelt aktiven Gamern wie auch Forschenden und Lernenden einen anschaulichen Blick auf die Anfänge der Videogames. Mitreißend, lehrreich und einfühlsam werden Menschen und ihre Lebensläufe geschildert. Unwillkürlich fragt man sich, ob man selbst es aus einer solchen Lage herausgeschafft hätte. Und man stellt desillusioniert fest, dass manche Probleme bis heute nicht gelöst sind.«

Thomas Dlugaiczyk, Diplom-Sozialpädagoge (FH); Gründer der Unterhaltungssoftware Selbstkontrolle (USK) und der Games Academy. Mitbegründer des game Bundesverband e.V.

Stefan Piasecki (Hrsg.): Verrat und Treue

Gedenkschrift zum 80. Todestag des deutschen Ausnahmediplomaten Friedrich-Werner Graf von der Schulenburg

Graf Friedrich-Werner von der Schulenburg (1875-1944) ist heute als jener letzte Botschafter des Deutschen Reiches in Moskau bekannt, der bis zuletzt unter hohem persönlichem Einsatz und Risiko versuchte, den Krieg gegen die Sowjetunion zu verhindern. Er wurde im Zuge des Hitler-Attentates vom 20. Juli 1944 als Mitverschwörer angeklagt und vom Volksgerichtshof zum Tode verurteilt. Am 10. November jährt sich seine für einen Adeligen unehrenhafte Hinrichtung durch Erhängen zum achtzigsten Mal.

In seiner Person treffen sich entscheidende Abschnitte der deutschen Geschichte in der ersten Hälfte des 20. Jahrhunderts. Er diente ab 1901 im diplomatischen Dienst des Kaiserreiches als Vizekonsul in Georgien, Konsul in Beirut und Damaskus, später für die Weimarer Republik als Gesandter in Persien sowie das Dritte Reich in Bukarest und zuletzt als Botschafter in Moskau. Er war Mitglied von Sonderkommissionen bei Friedensverhandlungen. Während die Phase seines diplomatischen Wirkens in Moskau von 1934 bis 1941 bekannt und trotzdem nicht vollends ausgeleuchtet ist, sind frühere Stationen weitgehend unerforscht.

Der Sammelband wirft einen vertieften Blick auf Schulenburgs Handeln in Georgien und dem Kaukasus am Ende des Ersten Weltkrieges, seine Gesandtschaft in Persien sowie seine Rolle während der Stalin'schen Säuberungen in der UdSSR Ende der 1930er Jahre und diskutiert die Frage, wie sein Agieren mit den Sowjets zur Verhinderung des Kriegsausbruches 1941 zu werten ist – als Verrat oder Treue?

Erstmalig wird auch die Beziehung zu seiner langjährigen Lebensgefährtin Alwine Duberg untersucht. Sein erhoffter Alterssitz, die Burg Falkenberg, befindet sich heute in der Verwaltung der gleichnamigen Gemeinde. Auch dieser Prozess der Revitalisierung wird geschildert.

Im Anhang befindet sich ein Abdruck des Kriegstagebuches der deutschen Botschaft in Moskau ab dem Moment der Überreichung der Kriegserklärung durch Graf Schulenburg an Außenminister Molotow in Moskau bis zur Ankunft des Botschaftspersonals in Deutschland (22.6.1941-24.7.1941). Außerdem 62 bis heute weitgehend unveröffentlichte Fotos und Aktenfragmente.

Mit Beiträgen von **Carola Tischler** (Berlin), **Alexander Vatlin** (Moskau), **Giorgi Astamadze** (Tiflis), **Stefan Piasecki** (Duisburg), **Stephan von der Schulenburg** (Frankfurt) und **Herbert Bauer** sowie einem Vorwort von **Matthias Grundler** (Falkenberg).

<u>Stefan Piasecki (Hrsg.):</u>

Edmund Jaroljmek: Ich lebte in Nah-Ost (1942)

Buntes Morgenland zwischen Einst und Jetzt. Erinnerungen des Geschäftsführers des Junkers Luftverkehrs Persien 1914-1934

"Persien, heute Iran, ist eines der Länder, die aufgrund ihrer geographischen Lage und ihrer natürlichen Reichtümer von jeher die Gefahrenzentren der Weltpolitik sind. Was für eine Rolle spielt dieses Land, immerhin dreimal so groß wie Frankreich, im Schachspiel der Großmächte? Wie lebt der Mensch dort und was wird er – früher oder später – zur Lösung der Probleme beitragen, die uns alle bewegen?"

Diese Fragen stellte Edmund Jaroljmek bereits 1942. Er leitete in den 1920er Jahren mit dem Junkers Luftverkehr Persien die erste zivile Fluggesellschaft in Iran und war Augenzeuge der Modernisierung des Landes durch den Bau von Eisenbahnen, die Anlage eines weitverzweigten Straßennetzes, den Siegeszug des Automobils, die Aufstellung eines schlagkräftigen Heeres und die Reform fast des gesamten Lebensstils nach europäischem Muster. Innerhalb nur weniger Jahre wurde ein Land der Stämme und Nomaden brutal modernisiert. Ein Land, jenseits der Hektik moderner industrialisierter und vernetzter Staaten und doch Opfer von Imperialismus und Weltkrieg.

Jaroljmek kannte seit Anfang des 20. Jahrhunderts die persischen Verhältnisse bis in Einzelheiten hinein und war persönlich bekannt mit dem Schah und seinen Ministern. Der Schatz seiner Erfahrung ermöglicht es auch noch heute, zu einer eigenen Urteilsfindung über den Iran beizutragen.

Das Buch wird eingeleitet durch ein zeitgenössisches Vorwort von Friedrich-Werner von der Schulenburg, ehem. dt. Gesandter in Persien und letzter deutscher Botschafter in Moskau. Er wurde als Mitverschwörer des 20. Juli 1944 zum Tode verurteilt und hingerichtet.

Der Text der Originalausgabe von 1942 wurde an die aktuelle deutsche Rechtschreibung angepasst sowie ergänzt und kommentiert. <u>Mit 108 historischen Fotografien und Karten.</u>

Eingeleitet und kommentiert von Prof. Dr. Dr. habil. Stefan Piasecki.

"Danke für die Herausgabe dieser Biographie von 1942, die fast schon ein Abenteuer-Roman ist. Man merkt in jedem Kapitel, wie tief beeindruckt der Autor von Land, Kultur und Geschichte war. Köstlichkeiten des Orients, der märchenhafte Basar in Teheran, den Edmund Jaroljmek so bildhaft beschreibt, dass einem der Neid in den Kopf und die Gerüche in die Nase steigen. Der Iran, drei mal so groß wie Frankreich - er bereist das Land nahezu im Fluge mit seiner Junkers-Biografie. Eine aufregende Begegnung. Das Buch reißt natürlich tausend Fragen auf, nämlich darüber: wie geht es Teheran heute?"

Prof. Eberhard Görner. Regisseur, Dramaturg, Autor

Stefan Piasecki (Hrsg.): „Persien“ (1926) von Friedrich Rosen

Die Neuausgabe der Asienerinnerungen *Persien* von Friedrich Rosen, ursprünglich 1926 erschienen, gewährt einen einzigartigen Einblick in eine Zeit des Wandels und der kulturellen Umbrüche. Schon vor seiner Zeit als Außenminister des Deutschen Reiches war Rosen seit Ende der 1880er Jahre Zeuge und Akteur der politischen und gesellschaftlichen Transformation Persiens gewesen, das sich von einer mittelalterlichen islamischen Gesellschaft, stark beeinflusst von den Großmächten, zu einem modernen Nationalstaat entwickelte.

Im Jahr 1926, als dieses Werk erstmals veröffentlicht wurde, befand sich Persien in einem entscheidenden Wandel. Das Land unterhielt enge Beziehungen zu Deutschland, insbesondere im Bereich der Industrialisierung, und strebte nach modernem Wachstum und Unabhängigkeit. Die Vision des damaligen Schahs Reza Pahlevi, ein Land zu schaffen, das sowohl die westliche Technologie als auch die eigene kulturelle Identität bewahrte, fand in Rosen einen analytischen Chronisten, dessen Bewunderung und Liebe für diese Kultur durch seine Zeilen scheint. Sein Werk dokumentiert nicht nur die politischen und sozialen Entwicklungen jener Zeit, sondern auch die Herausforderungen und Hoffnungen einer Nation auf dem Weg in die Moderne.

Friedrich Rosen, der selbst nur eine kurze Zeit als Außenminister tätig war, hat mit *Persien* eine detaillierte und präzise Darstellung der Endphase einer großen Kultur hinterlassen. Sie macht die letzten Jahre und Monate einer Zivilisation deutlich, die alsbald von Modernisierung und geopolitischen Konflikten verborgen wurde. Seine einzigartigen Perspektiven und tiefgehenden Analysen machen dieses Buch zu einer unverzichtbaren Lektüre für alle, die sich für die Geschichte Persiens und den internationalen Einfluss auf die Entwicklung der modernen Staaten interessieren.

Diese Neuausgabe ist nicht nur eine Rückkehr zu einem bedeutenden Werk der Zeitgeschichte, sondern auch ein Fenster in eine der spannendsten Perioden der iranischen Geschichte, die den Grundstein für die politischen und kulturellen Strukturen des heutigen Iran legte.

Enthält zusätzlich die historischen Beiträge „Bericht über meine Reise vom Persischen Golf nach dem Kaspischen Meer“ (1890) und „Der Einfluss geistiger Strömungen auf die politische Geschichte Persiens“ (Vortrag vom 11.1.1922).

Angepasst an die neue deutsche Rechtschreibung und ansonsten unverändert. Eingeleitet und kommentiert von Prof. Dr. Dr. habil. Stefan Piasecki.

Stefan Piasecki: HIMMELSLEITER – Nardebane Aseman (Roman)

Am Vorabend der Weltwirtschaftskrise 1929 versuchen der Potsdamer Textilunternehmer Theodor Simon und die Zeppelin-Werke einen Befreiungsschlag gegen die wirtschaftliche und außenpolitische Isolation Deutschlands: Unter Vermittlung des Auswärtigen Amtes soll in Persien ein Lufthandelsstützpunkt für das neue Luftschiff LZ 128 ›Schahnameh‹ entstehen und den Handel mit feinen indischen Seiden erleichtern.

Konkurrenz droht aus Großbritannien durch die Luftschiffe R100 und R101, doch der Schah von Persien hält zu Deutschland. In geheimer Mission wird der Ingenieur Wilhelm Darburg nach Teheran geschickt, um dem Luftschiff LZ 127 ›Graf Zeppelin‹ auf dessen historischer Weltumrundung eine werbewirksame Stippvisite zu ermöglichen. Trotz eines sich unaufhaltsam nähernden Staubsturmes soll die Landung versucht werden.

Darburg trifft in Persien auf eine mit brutalen Mitteln modernisierte Gesellschaft und eine illustre Schar westlicher Abenteurer: Spione, Künstler und Handeltreibende wie Maren Grande und Elena Reason, die für die UFA-Film und Paramount-Pictures um die wenigen Kinos ringen. Der gestrandete Schriftsteller Byron Alvarado wartet auf Geld aus New York, überraschend taucht der Engländer Mason Ruby auf. Verbunden sind sie durch das mysteriöse persische Medium Mahpareh, dessen Kontakte ins Jenseits die traditionelle Männergesellschaft beunruhigen.

Der Historienroman des Autors von »Kleine Frau im Mond« entwirft ein authentisches Bild Persiens zu Beginn der Herrschaft Reza Schahs und einer Gesellschaft, die rasant aus dem Mittelalter in die Neuzeit befördert wird. Mit 30 historischen Karten und Fotografien.

Leserreaktionen:

»Die Lektüre der ›Himmelsleiter‹ war so spannend und lebendig, dass man sich kaum vorstellen kann, dass sich diese Handlung nicht tatsächlich so ereignet hat!«

Bernd Erbel, ehemaliger deutscher Botschafter im Iran 2009-2013

»Als Berufspilot war ich dienstlich häufig in Teheran und lernte die Stadt kennen. Daher habe ich ›Die Himmelsleiter‹ mit großem Interesse zu lesen begonnen und war am Schluss regelrecht gefesselt. Ich kann diesen historischen Fliegerroman jedem empfehlen.«

Gerd Fucke, ehemaliger Verkehrspilot und Leiter des Junkers Luftfahrtmuseums in Dessau, Deutschland

»Dieses wunderschöne und sehr empfehlenswerte Buch kombiniert historische Dokumentation mit einer abwechslungsreichen fiktiven Geschichte. Es enthüllt die Anmut, vielfältige Schönheit und Gewohnheiten der historischen persischen Kultur und verbindet persische mit deutscher Geschichte. Mit Witz und Spannung bewegt sich die Handlung durch eine längst vergangene Welt, die Schritt für Schritt enthüllt wird. Kulturelle und religiöse Ereignisse sind wie selbstverständlich Teil des Geschehens; die Integration von technischen Geräten, des Flugwesens und von Schauplätzen erfolgt mit präziser Genauigkeit. Das Buch ist sehr einfühlsam geschrieben und gleichwohl unterhaltsam wie auch informativ. Man kann beim Lesen nicht davon ablassen.«

Dr. Hamideh Behjat, Fakultät für fremde Sprachen und Literatur der Universität Teheran

Stefan Piasecki

Die Sterne der Welt (Roman)

1978: Hochphase des Kalten Krieges. Im Schatten drohender nuklearer Vernichtung wird auf beiden Seiten des durch Deutschland verlaufenden Todesstreifens fieberhaft am Erhalt des Friedens gearbeitet.

Linn Darburg, Offizierin der DDR-Stasi, soll die Aktivitäten der westdeutschen Firma OTRAG ausspähen, die in Zentralafrika Raketen entwickelt und testet.

Durch die Turbulenzen der iranischen Revolution gerät ihre Mission jedoch gefährlich aus den Fugen. Ausgerechnet ihr ehemaliger Geliebter Reza Naderi soll für den Diebstahl von Geldern iranischer Kommunisten verantwortlich sein. Als er verschwindet und unerwartet auf dem Testgelände in Zaire auftaucht, erkennt sie, wie dicht seine Netze der Lügen gesponnen sind. In Afrika schlittert sie in ein intrigantes Spiel der Geheimdienste und erlebt, dass auch mit dem Ende der Kolonialzeit Unterdrückung und Rassismus nicht aufhörten.

Bald geht es um nicht weniger als den Frieden, ihre Karriere und sogar das eigene Leben. Wenn sie scheitert, endet sie als Feind von Ost und West.

»Eine Story, als hätte die DEFA-Film der DDR einen modernen James Bond produziert. Akribisch recherchiert und detailgetreu erzählt, entsteht eine historische Ost-West-Konfrontation im Kopfkino. Mutig wird eine Handlung an internationalen Schauplätzen entsponnen, in der eine Offizierin des Ministeriums für Staatssicherheit der DDR die Hauptfigur ist. Sie ist überzeugt, durch ihre Agententätigkeit, ob in München, Zaire oder Teheran, tödliche Risiken eingehen zu müssen, um den Frieden zu sichern. Auch sie kann jedoch eines Tages die Tatsache nicht länger verdrängen, dass ihr Agieren in einem Spiegelkabinett von KGB, CIA, BND und MfS abhängig vom Spiel politischer Hasardeure ist, und sie selbst nur eine Schachfigur. Das Schlussbild ist eine explosive Metapher auf falsche Ideale und Motive. Der Roman richtet eine Botschaft an die politische weltweite Vernunft, die in großer Gefahr ist. Dass hier actionreich, emotional und fantasievoll versucht wird, diese zu verteidigen, verdient Respekt und Hochachtung. Ich hoffe sehr, dass ›DIE STERNE DER WELT‹ viele Leser erreicht, als Buch wie auch als Film.«

Prof. Eberhard Görner. Regisseur, Dramaturg, Schriftsteller. Gründer der DDR-Krimiserie ›Polizeiruf 110‹.

Dieses Buch wurde in Übereinstimmung mit den GPSR-Richtlinien der EU zur Sicherheit von Produkten erstellt.

Die Verordnung über die allgemeine Produktsicherheit ist der aktualisierte Rahmen der Europäischen Union, um sicherzustellen, dass alle Verbraucherprodukte, einschließlich Bücher, für Verbraucher sicher sind.

Dieses Buch wurde von Libri Plureos GmbH gedruckt. Der Drucker hat Sicherheitszertifikate für die verwendeten Materialien wie Tinte, Papier und Kleber ausgestellt.

Die Produktkennung ist: 9789403643533

Der Autor ist für den Inhalt des Buches verantwortlich und hat das Buch von Bookmundo produzieren lassen.

Sollten Sie Fragen zur Sicherheit des Produkts haben, kontaktieren Sie uns bitte.

Bookmundo
Delftsestraat 33
3013AE Rotterdam
Die Niederlande
info@bookmundo.com